입식에서 좌식배구까지

스마트 배구 아카데미

- 안진규 · 김종흔 · 이기범 · 김정묵 -

▸ 스포츠 지도사 · 생활체육 필수 교재
▸ 배구 실무자 수업 전문 교재
▸ 배구 초보자에서 지도자까지 필독 교재
▸ 그림과 핵심내용 알기쉽게 수록

도서출판 보성
BOSEONG

머/리/말

배구는 1895년 당시 남녀노소가 함께 즐길 수 있는 구기 종목의 부재로 탄생하였다. 우리나라에는 1916년 이전에 소개되었고, 1946년에 지금의 대한배구협회인 조선배구협회가 창립되었다. 같은 해 6월 7일, 첫 공식 대회인 제1회 전국남녀 배구선수권대회를 시작으로 지금껏 국민에게 사랑받는 대표적 스포츠로서 인기를 누리고 있다.

최근 2020 도쿄올림픽에서 여자배구는 월드 클래스 플레이어 김연경 선수를 주장으로, 모든 선수가 똘똘 뭉쳐 끝까지 포기하지 않고 최선을 다하는 원팀의 경기력을 보여주면서, 2012 런던올림픽에 이어 또 한 번의 4강 신화를 만들어 냈다. 이로 인한 국내 여자배구에 대한 인기와 관심은 실로 폭발적이다.

이러한 여자배구의 인기에 힘입어, 2005년 정식 출범하였던 프로배구는 2020-21 프로배구 V-리그에서 역대 최고의 시청률을 기록하며, 팬들의 뜨거운 관심을 그대로 보여줬다. 남녀 전 경기 평균 시청률 1%가 넘은 것은 이번 시즌이 처음이었다. 이처럼 오늘날 프로배구는 4대 프로스포츠의 하나로써 꾸준하게 국민으로부터 많은 관심과 사랑을 받고 있다.

이로 인해 생활체육 배구동호인의 증가는 물론이거니와 학교 배구클럽에 대한 학생들의 관심과 인기는 매우 높다. 또한, 지역단체에서는 지역 문화와 연계한 생활체육 배구대회를 신설하고, 엘리트 배구대회의 적극적인 유치를 통한 지역 경제 활성화를 도모하고 있다.

이러한 우리나라 배구의 큰 흐름을 보면 실제 행하는 배구에서 관람하고 응원하는 배구로, 다시 실제로 행하는 배구로의 변화가 뚜렷이 나타나고 있다. 이러한 배구 흐름에 맞추어 실제로 행하는 배구 애호가에게 배구를 보다 알기 쉽고 재밌게 즐길 수 있는 자료의 제공도 필요하다고 판단된다.

따라서 우리나라 최고의 배구 전문가들과 함께 대학교수들이 뭉쳐「스마트 배구 아카데미」를 출간하게 되었다. 이 교재는 (전문, 생활) 스포츠지도사 자격증을 취득하려는 분, 체육 교사 임용을 준비하는 분, 배구 수업을 지도해야 하는 선생님, 엘리트 선수 및 지도자 등에게 배구에 대한 유익한 자료를 제공할 것이다. 이를 위해 기술 설명과 함께 해당 그림을 제시하여 재미있게 이해할 수 있도록 하였으며, 오랜 지도 경험을 통해 축적된 노하우를 핵심내용으로 제공하여 타 배구 교재와의 차별화를 두고 있다. 특히, 좌식 배구 내용을 함께 실어 우리나라 최초로 입식 배구와 좌식 배구를 포함하고 있는 책으로 가치가 매우 높다.

또한, 배구 스트레칭과 바디웨이트, 배구 레크리에이션 등 유익한 내용을 함께 담아, 이 책의 활용성을 높이고자 하였다. 「스마트 배구 아카데미」가 여러분의 배구 욕구를 100% 충족시키길 기대해 본다.

연구실에서

저자 씀

Contents

I. 배구의 개요   01
1. 배구의 탄생과 변천   03
2. 배구의 구성과 주요기술   11

II. 배구의 기술   19
1. 기본자세와 이동   21
2. 패스   25
3. 토스   36
4. 스파이크   46
5. 서브   65
6. 리시브와 디그   74
7. 블로킹   84

III. 팀플레이   93
1. 선수의 역할과 위치   95
2. 포메이션   97

IV. 배구경기 규칙   111

V. 좌식배구   169
1. 좌식배구의 역사   171
2. 좌식배구의 시설과 선수 구성   173
3. 입식과 다른 좌식배구의 기술들   178
4. 좌식배구의 경기규칙 특징   183

VI. 부록   187
1. 6인제와 9인제의 차이점   189
2. 배구경기의 용어 해설   190
3. 배구 학습지도안   198
4. 배구 스트레칭 및 바디웨이트 트레이닝   218
5. 배구 레크리에이션   237

I. 배구의 개요

Ⅰ. 배구의 개요

1 배구의 탄생과 변천

1) 배구의 기원과 보급

배구는 1895년 미국의 매사추세츠州 홀리요크市에 있는 YMCA체육담당 윌리엄 지 모건(William G. Morgan)에 의하여 고안되었다. 그는 체육지도를 하면서 남녀노소가 생활공간에서 손쉽게 운동할 수 있는 것이 없을까 하고 고민하던 차에 테니스와 핸드볼에서 힌트를 얻어 두 경기 방식을 혼합한 결과 테니스 네트를 6피트 6인치(약 1.98m)의 높이로 설치하고 처음에는 농구공과 농구공 튜브를 이용하여, 손으로 공을 서로 치는 구기를 착상하게 되었다. 그 결과 농구공은 너무 무겁고, 농구공 튜브는 너무 가벼워 잘 행할 수 없게 되자, 당시 운동구상회를 경영하던 스플딩에게 특별히 주문 제작한 것이 현재 사용하고 있는 공과 거의 비슷한 규격의 공(지름 63.5~66.0cm, 중량 약 250~340g)이 만들어지게 되었다. 이렇게 만들어진 배구가 빛을 보게 된 것은 다음 해인 1896년 스프링필드대학에서 개최된 YMCA체육지도자 회의석상에서 이 새로운 경기를 소개하고 공개 실시하였는 바, 홀리요크 시장 고란을 주장으로 한 팀과 같은 시 소방서장 린티를 주장으로 한 팀이 각각 5명씩 출전하여 실시하였다. 그 결과 체육지도자들로부터 찬사와 호평을 받게 되었고, 경기를 "미노네트(Minonette)"라고 불리게 되었으나, 후에 공개 경기를 관전하고 있던 스프링필드대학 호스텟트 박사가 발리(Volley: 공이 땅에 떨어지기 전에 손으로 치거나 차 보내는 것) 하는 경기라고 하여 발리볼(Volleyball)로 개칭하여 오늘날과 같이 부르게 되었다.

이렇게 고안된 배구는 미국에서 YMCA를 통하여 널리 일반 대중에게 보급되었으며, 규칙도 여러 가지로 개정되었다. 1900년에는 점수가 21점제가 되었으며, 네트의 높이도 7피트(약 2.1m)로 높아졌다. 다시 1912년에는 코트가 25 × 50피트(약 7.5 × 15m)에서 35 × 60피트(약 10.7 × 18.3m)로 넓어졌고, 네트 높이도 2.3m로 높아졌으며, 로테이션제가 새로 마련되었다. 또한 1917년에는 점수도 15점으로 되었고, 네트 높이가 2.4m로 변경되었다. 1921년은 센터라인이 새로 만들어졌다.

배구, 이렇게 하면 된다

　배구가 고안된 이후 미국 전역에 걸쳐 급속히 보급되면서 1922년에 전YMCA선수권 대회가 공인대회로 처음 개최되어 성황리에 이루어졌으며, 1928년에는 전미국배구 연맹(United States Volleyball Association)이 결성되어 배구에 관한 행정사무를 담당하였다. 이렇게 발전된 배구는 군인들로 인해 세계 여러 나라에 전파되었다.

　최초로 소개된 나라는 영국이었으며, 프랑스에 전한 것은 1917년이었다. 체코슬로바키아는 1921년에 보급되었으며, 러시아는 제1차 세계대전 이후에 소개되었다. 이와 같이 차차 각국에서 배구가 성행하게 되자 국제간의 유대 강화를 위한 조직체의 필요성이 대두되기 시작되면서 제2차 세계대전 직후인 1946년 폴란드를 비롯한 5개국 대표에 의해 FIVB 결성을 위한 조직위원회가 설치되었으며, 이듬해인 1947년 4월 프랑스의 제안에 의하여 14개국인 벨기에, 브라질, 불가리아, 체코슬로바키아, 이집트, 프랑스, 폴란드, 헝가리, 이탈리아, 포르투갈, 루마니아, 우루과이, 미국, 유고 등의 대표가 모여 총회를 열어 FIVB(Federation International Volley Ball)가 발족되었다. 이 총회로 인하여 1948년 이탈리아 로마에서 제1회 유럽배구선수권대회를 열었으며, 1949년에는 체코슬로바키아 프라하市에서 제1회 세계배구선수권대회가 열려 세계 배구의 서막이 열리게 되었다.

　아시아지역의 보급은 1910년 16인제가 최초로 필리핀에 보급되었다. 그 후 브라운(E.S. Brown)에 의하여 1913년 필리핀의 수도 마닐라에서 거행된 제1회 극동아시아 대회에 16인제 경기를 처음 실시하였다. 또한 규칙개정으로 12인제를 거쳐 1927년 제8회 극동아시아대회 때 9인제로 재개정되고 1958년 제3회 아시아대회까지 줄곧 9인제 배구를 사용하여왔다. 1962년 인도네시아 자카르타에서 개최한 제4회 아시아대회 때 정식 6인제 국제식 배구가 채택되면서 급속한 배구의 발전을 가져왔다.

　배구가 한 단계 도약할 수 있는 계기를 마련한 것은 올림픽 정식종목으로 참가하면서부터이다. 1961년 아테네에서 개최된 IOC 총회에서 올림픽 정식종목으로 채택되면서 배구는 1964년 동경 올림픽 대회에 남녀가 동시에 참가하게 되었다. 이로써 배구는 세계적인 스포츠로 발전하게 되었다.

I. 배구의 개요

2) 우리나라 배구의 도입과 발전

우리나라 배구 도입에 관한 연구 및 문헌을 조사해보면, 도입연도로는 1915년(채홍원, 1982; 이진화·채홍원, 1971; 정준수·진윤수, 2000; 김재우, 2007)과 1916년(대한배구협회, 1982; 조영호, 1994; 신원영, 1981, 대한체육회, 1990; 이학래, 1985; 고광삼, 1994)이 지배적이다. 또한 도입자로는 한국의 배구 도입정설로 보고 있는 반하트(대한배구협회, 1982; 조영호, 1994; 신원영, 1981; 대한체육회, 1990; 이학래, 1985)와 베커(채홍원, 1982; 이진화·채홍원, 1971; 정준수·진윤수, 2000), 그리고 반하트 또는 당시 제일고보 체육교사인 스기하라(고광삼, 1994)로 보고 있다. 이와 같이 우리나라의 배구도입에 관한 주장은 학자마다 각기 다르게 주장하고 있는 것이 사실이다. 하지만 최근 2008년 2월호 한국체육사학회지 제13권 제1호에 게재된 진윤수와 안진규의 「한국배구도입설의 분석과 재해석」을 살펴보면 우리나라에 배구가 처음 도입된 것은 1916년 YMCA의 체육간사인 반하트에 의해서가 아니라, 1884년 9월 선교사 알렌을 시작으로 많은 선교사들이 국내로 들어와, 1903년 10월 황성기독교 청년회가 창립된 이후 이 선교사들에 의해서 배구가 1909년에 도입되어 행해졌다고 나타난다. 특히 1904년, 또는 1906년에 배구를 행하였다는 직접적인 기록은 부족하지만, 당시 시대적 배경과 제시된 자료들을 통해 유추해보는 것도 가능하나 아직은 이를 뒷받침할 사료의 부족으로 인해 추후 연구가 필요하다고 주장한다. 즉 배구가 1916년에 도입되었다는 기존의 주장보다는 1916년 실내체육관의 준공과 함께 반하트가 YMCA체육간사로 부임하면서부터 조직적이고 체계적으로 기술을 보급하였으며, 이로 인하여 다음 해인 1917년 3월 30일에 최초의 시합이 열리게 된 것으로 보는 것이 마땅하다.

이렇게 도입된 배구는 많은 사람들에게 보급하는 것이 큰 과제로 떠오르게 되면서 관심을 받게 된다. 1925년 조선신문사 주최로 전조선 배구대회가 개최되었고, 같은 해에 태화여자관에서는 운동부를 신설하여 YMCA 체육교사였던 김영구가 농구와 배구를 지도하였다. 이어 1927년 일본인의 경성기독청년회에서도 일본 YMCA 체육부 간사이며, 극동 올림픽 대회 위원인 브라운을 초청하여 배구강습회를 개최하면서 기술 향상을 통한 배구발전과 보급에 공헌하였다. 이 강습회를 계기로 같은 해 제3회 조선

배구, 이렇게 하면 된다

신종경기 대회에 배구가 추가되게 되었고, 1928년에는 YMCA가 주최한 제1회 전조선배구선수권대회가 개최된 이래 1930년 제3회 대회까지 계속되었다.

1930년대를 맞이하면서 우리나라 배구는 경기내용 면에서 상당한 진전을 보게 된다.

1931년 제9회 조선신궁경기대회에서 여자배구경기가 정식종목으로 채택되어 여자경기로는 처음 열리게 되었고, 1933년 일본에서 개최된 제7회 명치신궁경기대회에 우리나라가 처음으로 참가하였다. 그러나 일제 통치하에 있던 우리나라의 배구는 1942년 전문대학의 구기운동 폐지와 중등학교 구기운동제한으로 위기를 맞게 되었다.

1945년 해방과 더불어 우리나라의 전반에 걸쳐 큰 활력과 희망을 불러일으키게 되면서 배구도 새로운 면모로 부활하기에 이른다. 1946년 3월 경기고교에서 대한배구협회 창립총회를 열고 이를 계기로 한국 배구는 획기적인 전환점을 맞게 된다.

1946년 5월 제1회 종별배구선수권대회를 단일 종목으로 철도구장에서 개최하게 되었고 1950년 6.25동란으로 제5회 대회의 무산을 제외하고는 1949년부터 오늘날 지방배구발전을 위하여 지방을 순회하면서 개최하고 있다.

우리나라 팀이 해외 경기를 갖게 된 것은 1954년 10월 홍콩배구협회 초청으로 가진 것이 최초로 기록되고 있다. 또한 1955년 5월 일본에서 열린 제1회 아시아배구선수권대회에 우리나라는 9인제에만 참가하여 일본에 이어 2위를 하였으나, 일본과의 실력차를 실감하게 되었다. 이어 1958년 5월 일본 동경에서 제3회 아시아경기대회가 6인제와 9인제 같이 개최되었는데 우리나라는 9인제에만 참가하여 준우승을 하였으며, 이 대회를 마치고 돌아와 6인제를 첫 도입하게 되었다. 1959년부터는 전국종별선수권대회를 6인제와 9인제를 병행하여 실시하였고, 같은 해 10월 6일에 우리나라는 드디어 국제배구연맹에 정식회원국으로 가입하게 되었으며, 1964년 동경 올림픽 때 우리나라 대표가 최초로 총회에 참가하게 되었다. 또한 우리나라에 최초로 초청된 외국팀은 1960년 일본 경응대학 배구팀이었으며, 1961년에는 일본의 후지필름 팀이 내한하여 6, 9인제를 병행하여 교환경기를 가졌다. 1962년은 한국배구의 선구자인 고 박계조의 업적을 기리기 위해 제1회 박계조배쟁탈 배구대회가 성황리에 개최되었다.

1963년 인도의 뉴델리에서 동경 올림픽대회 아시아 지역 예선대회에 참가하여

Ⅰ. 배구의 개요

올림픽 출전 자격을 얻게 되었고, 이듬해 올림픽 대회에 참가하여 남녀가 전패를 하였다. 그러나 1964년 제1회 아시아 남녀청소년배구대회를 우리나라에서 개최하여 준우승을 차지하였다.

1966년부터 공식경기에서는 6인제만 채택하게 되었다. 또한 1967년 동경 유니버시아드대회에 남자만 출전하여 준우승을 차지하였으며, 1968년 멕시코 올림픽 대회에서 여자배구는 5위의 성적을 얻기도 하였다. 1969년에 아시아 청소년배구대회를 우리나라에서 처음 개최하였고, 1970년 제6회 아시안 게임에서는 남녀 모두 준우승을 차지하는 성과를 거두기도 하였다.

1970년대 들어서면서 우리나라는 국제무대에서 서서히 빛을 보기 시작한다. 1972년 뮌헨 올림픽 예선에서 3위를 하고, 1974년 테헤란 아시안 게임에서는 일본에 이어 준우승을 차지하였다. 이 여세로 1976년 몬트리올 올림픽 대회에서는 한국 여자팀이 동메달을 획득하는 쾌거를 이룩하였다.

1980년대 들어서면서 한국 배구는 한 단계 도약하는 계기를 맞는다. 1980년 호주에서 열린 태평양 연안 청소년 배구대회에서 일본을 누르고 2연패를 달성하였고, 같은 해 10월 서울에서 제1회 아시아 주니어 배구선수권대회를 개최, 10개국 16팀이 참가하는 등 성황리에 대회를 마쳤다. 또한 1997년 브라질에서 개최된 제1회 세계청소년배구선수권대회와 1981년 제2회 세계청소년배구선수권대회에서 여자팀이 2연패의 위업을 달성하기도 하였다.

1984년 1월에 첫 출범한 백구의 대제전은 침체된 국내 배구에 새로운 활력을 불어넣었을 뿐만 아니라 배구인구의 저변확대에 큰 공헌을 한 대회였다. 국내 남여배구 실업 총 16개팀과 대학 4개팀 남녀 각 10개팀씩 20개 팀이 출전하여 3개월간의 경기를 진행하면서 겨울 스포츠로서 완전히 자리를 잡았다. 이러한 백구의 대제전은 1995년부터 2004년까지는 배구슈퍼리그로 명칭을 개명하여 운영하였는데 이때까지의 전적을 살펴보면, 남자부에서 현재는 아쉽게도 해체된 고려증권 팀이 첫 대회의 우승을 포함하여 6회 우승하였고, 현대자동차가 5회, 삼성화재가 8회, 상무와 한양대학교가 각각 1회씩 우승하였다. 여자부에서 첫 대회의 우승은 미도파가 차지하였고, LG정유가 9회, 현대가 10회, 대농이 1회의 우승을 차지하였다. 이후 국내배구는 프로배구출범을

배구, 이렇게 하면 된다

위해 2004년 4월 프로화출범위원회를 구성하였고, 10월 18일에는 한국배구연맹 창립 총회를 개최, 2005년부터 2022년 현재까지 V-리그(프로배구)를 개최하며 배구팬 인기몰이에 앞장서고 있다. 이처럼 1984년 백구의 대제전을 시작으로 1995년 배구 슈퍼리그를 거쳐, 2005년 V-리그까지로 이어진 배구대회는 한국 배구발전에 지대한 공헌을 하고 있으며, 우수선수들이 이 대회를 통해 많이 배출되고 있다.

1990년부터 2000년대는 한국 배구가 슈퍼리그 및 V 리그 대회에 힘입어 국제무대에서 좋은 성적을 거두고 있다. 1993년 태국, 2001년 한국, 그리고 2003년 중국에서 개최된 아시아 선수권대회에서 남자가 우승을 하였고, 여자는 1995년 태국 대회, 1997년 필리핀 대회, 1999년 홍콩 대회, 그리고 2001년 태국 대회에서 중국에 이어 2위를 차지하였다. 아시안 게임에서는 남자가 1990년 중국 대회와 1998년 태국 대회에서 중국에 밀려 아깝게 2위를 차지하였으나, 2002년 한국 대회와 2006년 카타르 대회에서는 우승을 차지하였다. 여자는 1994년 제12회 일본대회에서 우승을 차지하였다. 유니버시아드 대회에서는 남자가 1995년 일본 대회, 1997년 이탈리아 대회, 그리고 2003년 한국 대회에서 우승을 차지하였다. 배구의 최고 대회인 월드컵 대회에서 남자는 1991년 제7회 일본 대회에서 5위, 1995년 제8회 대회에서 8위, 1999년 제9회 대회에서 7위, 2003년 제10회 대회에서는 6위를 하였고, 여자는 1991년 제5회 대회에서 6위, 1995년 제6회 대회에서 5위, 1999년 제8회 대회에서는 4위, 2003년 제9회 대회에서는 9위를 차지하는 등 국제무대에서 10위권 내의 좋은 성적을 거두며, 한국 배구의 위상을 높였다.

1994년부터 시작된 슈퍼리그가 2004년에는 V-투어(세미프로)를 기반으로 2005년에는 한국배구연맹이 정식으로 창립하면서 2005년 프로리그인 V-리그가 정식출범하였다. 출범 당시 남자부는 삼성화재 블루팡스(대전)·현대캐피탈 스카이워커스(천안)·대한항공 점보스(인천)·LG화재 그레이터스(구미) 등 6개 팀이 출전하였다. 여자배구는 GS칼텍스(인천)·흥국생명 핑크스파이더스(천안)·도로공사(구미)·KT & G 인삼공사(대전) 등 5개 팀이 출전하였다.

2022년 현재 남자부는 우리카드 위비(서울)·대한항공 점보스(인천)·현대캐피탈 스카이워커스(천안)·OK금융그룹 읏맨(안산)·한국전력 빅스톰(수원)·KB손해보험

I. 배구의 개요

스타즈(의정부)·삼성화재 블루팡스(대전) 등 7개 팀이 여자부는 GS칼텍스 KIXX(서울)·흥국생명 핑크스파이더스(인천)·IBK 기업은행 알토스(화성)·한국도로공사 하이패스(김천)·KGC인삼공사(대전)·현대건설 힐스테이트(수원)·페퍼저축은행 AI 페퍼스(광주) 등 7개 팀이 출전하였다. 2005-2006 V-리그부터 2021-2022 V-리그까지 남자부 챔피언결정전 우승을 살펴보면 삼성화재 블루팡스 7회, 현대캐피탈 스카이워커스 4회, 대한항공 점보스 3회, OK금융그룹 웃맨 2회를 거머쥐었다. 여자부는 핑크스파이더스 4회, KGC인삼공사 2회, 현대건설 힐스테이트 2회, IBK 기업은행 알토스 3회, GS칼텍스 KIXX 3회, 한국도로공사 하이패스 1회 우승을 거머쥐었다. 아쉽게도 2021-2022 V-리그에서 남자부와 다르게 여자부는 코로나 상황으로 인해 챔피언 결정전이 이루어지지 못했으나, 현대건설이 정규리그 1위로 대회를 마쳤다.

프로배구 V-리그 남자부 우승 전적(2006-2021)

팀	횟수	연도
삼성화재	7	2008, 2009, 2010, 2011, 2012, 2013, 2014
현대캐피탈	4	2006, 2007, 2017, 2019
대한항공	2	2018, 2021
OK금융그룹	2	2015, 2016

프로배구 V-리그 여자부 우승 전적(2006-2021)

우승	횟수	연도
흥국생명	4	2006, 2007, 2009, 2019
IBK기업은행	3	2013, 2015, 2017
GS칼텍스	3	2008, 2014, 2021
KGC인삼공사	2	2010, 2012
현대건설	2	2011, 2016
한국도로공사	1	2018

2000년대에 들어 남자부는 아시안 게임에서 2002년과 2006년에 우승을, 2010년과 2014년에 3위를 차지했다. 아시안 선수권 대회는 2001년과 2003년에 우승을, 2005년, 2007년, 2009년, 2017년에 3위, 2013년에 2위, 2015년에는 7위를 차지하였다. 올림픽에서는 2000년에 9위를 차지하였다. 월드컵 대회에서는 2003년 6위, 2007년

배구, 이렇게 하면 된다

11위를 차지하였다. 월드 리그에서는 2006년 10위, 2007년 9위, 2008년부터 2013년까지는 10위 중위권에, 2014년, 2016년에는 10위 후위권에, 2016년에는 23위를 차지하는 등 세계대회에서의 남자배구는 열세가 뚜렷하게 나타난다.

여자부는 아시안 게임에서 2002년 2위, 2006년 5위, 2010년 2위, 2014년 우승을 차지하였다. 아시아선수권대회는 2001년과 2015년 2위, 2003년, 2011년, 2013년, 2017년에 3위를, 2005년, 2007년, 2009년 4위를 차지하였다. 월드컵 대회는 2003년과 2011년에 9위, 2007년에 8위, 2015년에 6위를 차지하였다. 올림픽에서는 2000년 8위, 2004년 5위, 2012년 4위, 2016년 5위, 2020년 4위를 차지하는 등 남자배구와 다르게 최근 들어 세계무대에서 여자배구의 위상을 드높이고 있다. 이처럼 올림픽 무대에서의 우수한 성적은 국내 프로배구 인기에도 영향을 미쳐, 여자 프로배구에 대한 국민적 관심이 높아지고 있다.

I. 배구의 개요

2 배구의 구성과 주요기술

1) 배구의 구성

배구경기는 6명씩 두 팀으로 편성하여 네트를 사이에 두고 공을 가지고 행하는 경기로서 체육관이나 좁은 공간에서도 큰 제약 없이 자유롭게 행할 수 있는 스포츠이다. 이에 대한 배구의 구성을 살펴보면 다음과 같다.

(1) 경기장

경기장이란 코트와 자유지역을 포함한 장소를 의미한다.

코트는 18 × 9m 직사각형이며, 구획선으로부터 최소한 3m의 자유지역이 있어야 하고 자유 경기 공간은 어떠한 장애물도 없는 경기장 위의 공간을 말하며 경기장 표면 으로부터 최소 7m 높이가 확보되어야 한다.

FIVB, 세계 및 공식 대회에서 자유지역은 사이드 라인으로부터 최소한 5m, 엔드라인 으로부터 6.5m가 확보되어야 하며, 자유 경기 공간은 12.5m 높이가 확보되어야 한다.

코트 크기 이렇게 외워라!

- 6인제 코트(반 코트만) : 9×9m
- 9인제 코트(반 코트만) : 10.5×10.5m

스마트 배구 아카데미 / 11

배구, 이렇게 하면 된다

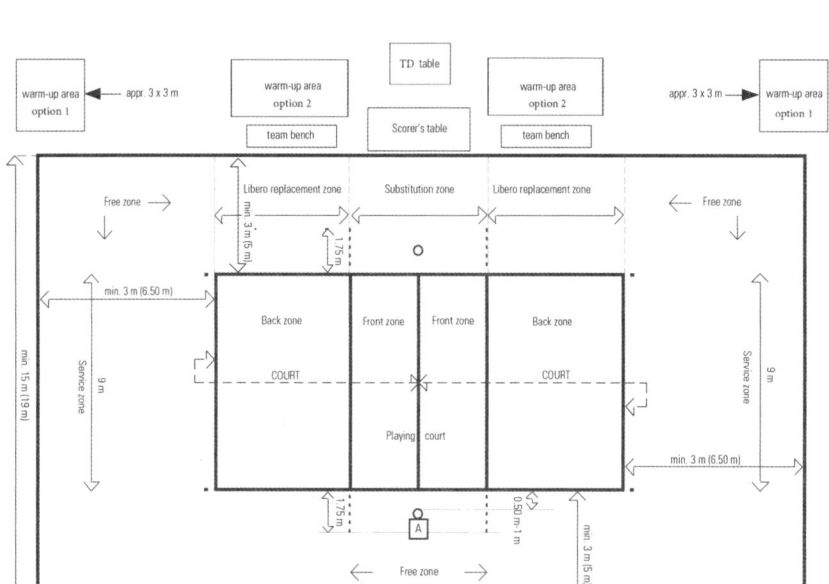

그림 Ⅰ-1. 경기장

(2) 네트

네트의 높이는 코트 중앙에서 수직으로 남자의 경우 2.43m, 여자의 경우는 2.24m 이다. 양사이드 라인 상단의 네트 높이는 같아야 하며 공식적인 네트 높이를 2cm 이상 초과해서는 안된다.

네트의 구조는 너비 1m, 길이가 9.50-10m(사이드 밴드 양옆 25-50cm 포함)로서 센터라인의 중심선 수직 상단에 설치한다. 네트는 사방 10cm의 정사각형 검은색 그물로 만들어진 것을 사용하고, 네트 상단에는 7cm 폭의 수평 밴드(두 겹의 흰색 캔버스)가 있다.

폭 5cm, 길이 1m의 사이드 밴드는 사이드라인 바로 위에 수직으로 설치하고 네트 일부로 간주한다.

안테나는 길이 1.80m, 직경 10mm의 파이버 글라스로 만든 막대기를 말하며 각 사이드 밴드 바깥쪽에 고정하고 네트 일부로 간주하며 측면의 통과허용 공간의 경계를 정해준다.

I. 배구의 개요

터치 넷 범위

- 볼 플레잉 동작을 하는 동안 선수가 두 안테나 사이의 네트를 접촉하는 것은 반칙이다.
- 신체의 모든 부분(유니폼 포함)이 네트를 건드리면 안됨. 단, 머리카락은 예외.

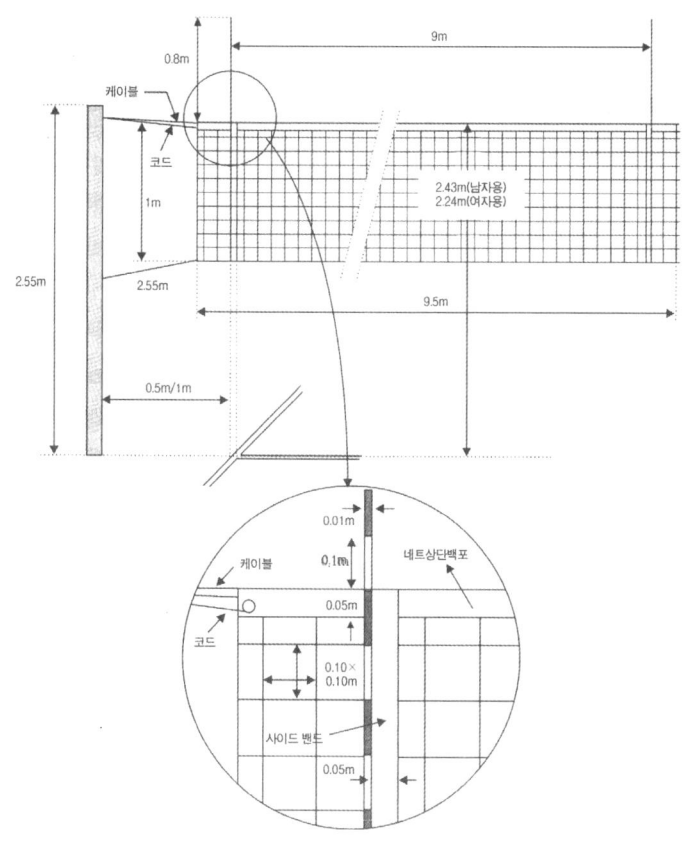

그림 I-2. 네트와 네트 높이

배구, 이렇게 하면 된다

코트 크기			네트 높이		
	6인제	9인제		6인제	9인제
초등생	16×8m	16×8m	초등생	2m	1.9m
중등여	18×9m	18×9m	중등남	2.30m	2.20m
고등여			중등여	2.15m	2m
일반여			고등남	2.40m	2.30m
중등남		20×10m	고등여	2.20m	2.15m
고등남		21×10.5m	일반남(대학)	2.43m	2.38m
일반남			일반여(대학)	2.24m	2.15m

(3) 볼

볼의 둘레는 65cm 이상 67cm 이하, 무게는 260g 이상 280g 이하, 내부압력은 0.30~0.325kg/cm이어야 한다. 따라서 사용되는 볼은 둘레, 중량, 기압, 형태 등이 같아야 하며, 시합구는 FIVB 공인 볼을 사용해야 한다.

공의 크기는 이렇게 다르다.

- 4호볼은 초등학생만.
- 나머지는 5호볼로 사용함.

(4) 팀 구성

팀의 구성은 교대선수를 포함하여 14명의 경기자로 구성되나 경기는 6명이 행하고 이 중 한 사람은 주장이 되며, 선수 리스트 14명 중 두 명의 수비전담선수인 "리베로"를 지명할 수 있다. 경기는 어떠한 경우라도 6명이 되지 않으면 불완전 팀이 된다. 또한 경기 기록용지에 기록된 경기자만이 그 경기에 참가할 수 있으며 팀의 주장과 감독이 경기 기록용지에 일단 사인을 하면 기록된 경기자들은 바꿀 수 없다.

I. 배구의 개요

경기 시 제출해야 할 것.

- 콤포지션 멤버 용지는 시합 전 제출함.
- 스타팅 라인업 시트는 매 세트 시작 전 해당 시트에 적어 제출함.

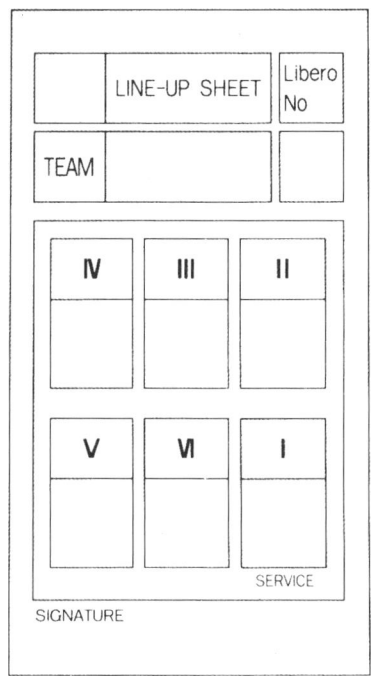

그림 I-3. 스타팅 라인업 시트

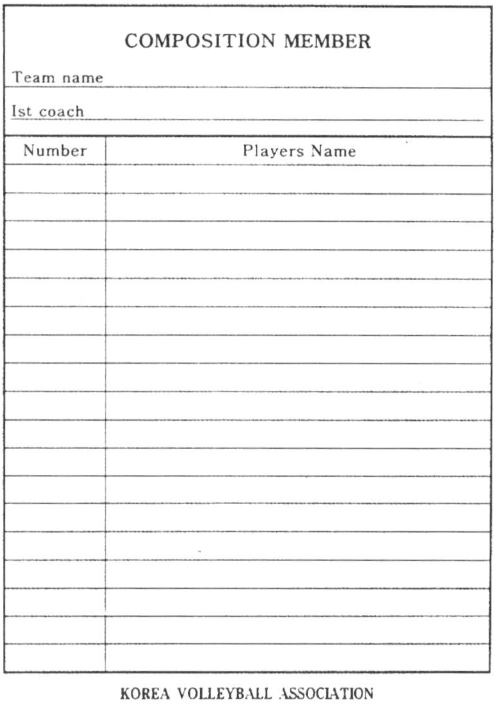

그림 I-4. 콤포지션 멤버

(5) 선수의 위치

서브를 넣을 때 양 팀의 선수들은 일단 매 세트마다 제출된 스타팅 라인업 용지에 기록된 순서대로 코트 내에 위치해야 한다. 네트에 연하여 위치하는 3인은 전위 경기자로 2(전위 우측), 3(전위 중앙), 4(전위 좌측)의 위치를 차지하고 후위 3인은 1(후위 우측), 6(후위 중앙), 5(후위 좌측)의 위치를 차지하여 2열로 포지션을 잡는다. 양 팀의 선수들은 서브를 넣은 이후부터는 자기편의 코트에서 위치에 관계없이 자유롭게 경기를 행할 수 있다.

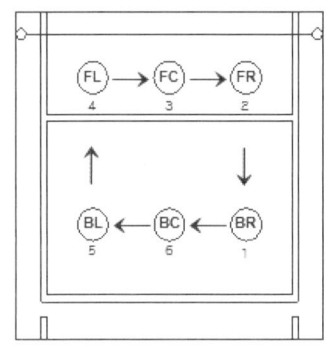

그림 Ⅰ-5. 선수의 위치

다만 선수의 포지션이 옳고 그름의 문제는 서브를 행한 순간 선수들의 발 위치로 판단하는데 후위선수는 그와 대응하는 전위선수의 앞발과 같거나 혹은 적어도 앞발의 일부가 센터라인으로부터 더 멀리 있어야 한다. 우측(좌측)에 있는 선수의 발은 동일 선상에 있는 사이드라인보다 먼 다른 선수의 우측(좌측) 발의 위치와 같거나 혹은 적어도 한 발의 일부가 우측(좌측) 사이드라인에 가까워야 한다. 전위 3명은 자기 코트 어느 위치에서든 공격 제한을 받지 않으나 후위 경기자는 어택라인 뒤에서 공격하도록 제한하고 있다.

(6) 경기진행

경기는 부심이 양 팀 선수들이 이미 제출한 스타팅 라인업 용지에 기재된 위치대로 위치하고 있는지 확인한 후, 주심이 서브권을 가진 팀에게 서브를 넣도록 휘슬을 불면서 경기는 개시된다. 리시브 팀은 서브한 공을 받아 리시브한 공을 세터에게 리시브하고, 세터는 공격수에게 세팅하며, 공격수는 그 공을 스파이크하여 3번에 넘겨야 한다. 서브권을 가지고 있는 팀이 서브나 공격하여 성공하면 1점을 얻게 되고, 만약 실패하게 되면 서브권은 상대방에게 넘어가면서 1점을 주게 된다. 이렇게 하여 1~4세트는 25점을 먼저 얻은 팀이 세트를 얻게 되고, 24점 듀스일 때는 2점을 먼저 얻는 팀이 세트를 얻게 된다. 5세트는 8점에서 코트를 바꾸고, 15점을 먼저 얻는 팀이 승리하게 되며, 14점 듀스일 때는 2점을 먼저 얻는 팀이 승리하게 된다(5판 3선승제).

I. 배구의 개요

2) 주요기술

배구는 볼을 가지고 공격과 수비가 반복되는 경기로서 이에 필요한 기술은 다음과 같다. ① 경기가 시작되는 서브, ② 세터에게 볼을 보내는 패스, ③ 세터가 좋은 공격을 위해 볼을 띄워주는 토스, ④ 좋은 토스를 받아 득점을 얻기 위한 스파이크, ⑤ 스파이크 된 볼을 넘어오지 못하게 가로막는 블로킹, ⑥ 블로킹을 피해 스파이크 된 볼을 받아 올리는 리시브(디그) 등으로 구성되어 있다.

이러한 기술을 지도자는 단계적으로 지도하여 각 기술을 터득하도록 하며, 자세한 기술은 다음 장에서 배우기로 하고 여기에서는 간단하게 각 기술을 살펴보기로 한다.

첫째, 경기의 시작인 서브(Serve)

서브는 사이드라인 연장선상 안과 엔드라인 뒤 어느 위치에서든 자유롭게 넣을 수가 있다. 서브를 넣을 때는 라인을 밟으면 반칙이 되나 서브를 넣은 이후에는 무관하다. 서브는 배구경기의 시작이면서 득점을 얻을 수 있는 기술이므로 여러 가지의 서브 방법들을 연습하여 자기에게 가장 적합한 서브를 만드는 것이 중요하다.

둘째, 볼을 보내는 패스(Pass)

패스는 초보자에게 가장 중요한 기초기술 중의 하나로서 상대편의 서브나 공격한 볼을 리시브하여 세터에게 보내는 것을 의미하고 있다. 또한 세터가 토스하여 공격수에게 공격할 수 있게 보내는 것도 패스와 같기 때문에 정확한 패스를 할 수 있도록 하는 것이 중요하다.

셋째, 공격을 위한 토스(Toss)

토스는 패스의 일종이므로 패스를 잘 습득해야 한다. 선수 6명 중 거의 한 사람의 세터(또는 더블 세터)에 의하여 토스는 이루어진다. 따라서 세터는 좋은 볼을 스파이크 할 수 있게 공격수에게 띄워 줘야 한다. 토스는 공격수가 어떤 상황에 있든지 공격하기 좋게 올려줘야 훌륭한 토스라 할 수 있다.

배구, 이렇게 하면 된다

넷째, 득점을 얻기 위한 스파이크(Spike)

스파이크는 득점을 얻기 위한 최상의 기술이다. 초보자에게는 좀 어려운 동작이지만 배구의 화려함을 나타내는 대표적인 기술이기 때문에 조금만 익히면 흥미를 가질 수 있다. 좋은 스파이크를 구사하기 위해서는 도움닫기, 점프, 공중동작, 착지 등을 단계적으로 익혀야 한다.

다섯째, 공격을 막는 블로킹(Blocking)

블로킹은 네트 부근에서 이루어지며 공격을 차단하는 기술이다. 블로킹은 전위 3명만이 할 수 있다. 블로킹은 높이, 타이밍, 코스의 리딩, 체공력, 손 모양 등에 의하여 결정된다.

여섯째, 볼을 받아 올리는 리시브(Receive; 스파이크에 대한 수비를 Dig)

리시브는 상대 코트에서 넘어온 볼을 받아 세터에게 정확히 보내는 기술을 말한다. 특히 리시브는 언더핸드 패스의 능력에 따라 좌우되므로 언더핸드패스 연습을 충실히 할 필요가 있다.

II. 배구의 기술

Ⅱ. 배구의 기술

1 기본자세와 이동

1) 수비 기본자세

패스의 기본자세란 오버와 언더핸드패스(또는 토스)의 가장 기초 동작이며, 다음 동작을 위한 자세로써 초보 단계에서는 반드시 습득해야 할 중요한 기술이다.

패스의 기본자세를 잘 습득해야 기본기가 충실하여 우수한 선수로 성장할 수 있는데 만약 초보 단계에서 패스의 기본자세를 제대로 습득하지 못하면 결국 우수선수로 성장하는데 한계를 갖게 된다. 패스의 준비 자세에서 고려되어야 할 것은 무엇보다 다리의 힘(각근력)과 시야(시선)이다. 각근력은 무릎의 각도, 즉 무릎을 구부렸다 폈다 하는데 큰 영향을 미치는데, 자세가 높으면 허리 위로 날아오는 볼에 대한 반응시간은 빠르기는 하나 허리 아래로 날아오는 볼에 대한 반응시간은 느리게 된다. 이와 반대로 너무 낮은 자세를 취하게 되면 허리 아래로 날아오는 볼 처리는 쉬우나 허리 위 또는 수비자를 넘어가는 볼에 대한 첫발의 반응시간은 다소 늦을 수 밖에 없게 된다. 따라서 연습을 통해 자기에게 맞는 가장 이상적인 무릎 각도를 만들어가는 것이 필요하다.

≫ 요 령

① 체육관의 라인을 기준으로 서서 양발의 간격을 어깨너비보다 약 10cm정도 넓게 벌린다.

② 볼의 위치에 따라 다르나 한쪽 발(왼쪽으로 볼이 올 때는 왼발, 오른쪽으로 볼이 올때는 오른발)은 앞꿈치에, 나머지 발은 뒤꿈치에 라인을 대고 선 후, 양발의 뒤꿈치를 들어 몸의 무게중심을 전방에 둔다.

배구, 이렇게 하면 된다

사진 Ⅱ-1. 기본자세 요령

③ 상체와 팔은 힘을 빼며, 팔을 가슴 높이에서 손바닥을 약 10cm 정도 띄우고 마주보게 하여 오버핸드나 언더핸드로 신속히 옮겨 갈 수 있도록 한다.

④ 허리를 꼿꼿이 세우며 엉덩이를 들지 않고 무릎을 약 90~100°정도까지 굽힌다. 시선은 볼을 주시한다.

2) 풋워크(이동기술)

풋워크는 볼을 받기 위한 이동기술을 의미하며, 우수선수로 성장할 수 있는 조건 중의 하나가 신속 정확한 발의 움직임이다.

이동하는 방법은 크로스 스텝과 사이드 스텝이 있다. 크로스 스텝은 비교적 먼 거리를 이동할 때 사용되며, 사이드스텝은 비교적 가까운 거리를 재빠르게 움직여야 할 때 사용된다.

예를 들면 블로커에 손에 맞고 멀리 날아가는 볼을 잡기 위해서는 사이드스텝보다는 크로스 스텝을 사용하는 것이 효과적이다.

II. 배구의 기술

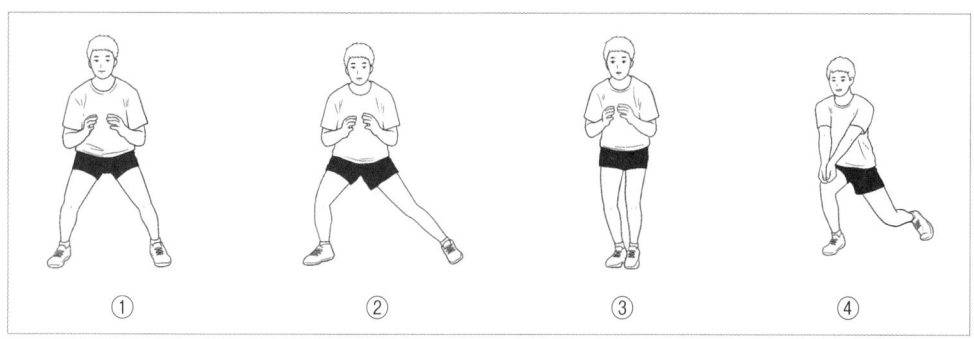

사진 II-2. 사이드 스텝 연결 동작

▶ 요령

① 수비의 기본자세를 취한다.

②~③ 볼이 날아오는 쪽의 발을 옆으로 내디딘다. 내디딜 때 다른 발도 이어 따라온다. 볼의 낙하지점까지 다음의 동작을 반복한다.

④ Finish Motion(언더핸드패스 시)

그림 II-1. 사이드 스텝 연결 발동작

사진 II-3. 크로스 스텝 연결 동작

요령

비교적 볼이 3~5m 정도 좌우 또는 후방으로 날아올 때 사용하는 이동기술이다.

① 수비의 기본자세를 취한다.

② 볼이 날아오는 방향의 발을 내딛는다.

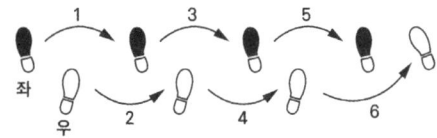

그림 II-2. 크로스 스텝 연결 발동작

③ 다음 발을 처음 내딛은 발 앞쪽으로 교차하여 내딛는다. 볼의 낙하지점까지 다음의 동작을 반복한다.

④ Finish Motion(언더핸드패스 시)

후방으로 볼이 날아가는 경우

- 머리를 중심으로 오른쪽으로 날아오는 경우 오른쪽 발부터 왼쪽으로 날아오는 경우는 왼쪽발부터 내딛이며 발을 교차하며 이동한다.
- 이때 가장 중요한 것은 이동 중에도 볼을 끝까지 쳐다보아야 한다.

Ⅱ. 배구의 기술

2 패스(Pass)

패스란 볼을 목표한 지점까지 보내는 기술로, 상대편에서 넘어온 첫 번째 볼을 받아 다음 선수(세터)에게 보내는 기술이다. 패스의 종류에는 ① 오버핸드 패스, ② 언더핸드 패스, ③ 싱글핸드 패스 등으로 나눈다.

1) 오버핸드 패스(overhand pass)

오버핸드 패스는 허리 위로 오는 볼, 비교적 약하고 느려 여유 있는 볼을 처리할 때 사용하는 기초기술로서 정확도가 매우 높다. 특히 첫 번째 볼에 대한 더블컨택과 캣치볼 반칙이 상당히 완화되어 오버핸드 패스의 중요성이 높아지고 있다. 좌식배구에서도 오버핸드 패스에 대한 수비 의존도가 매우 높다는 것이 특징이다.

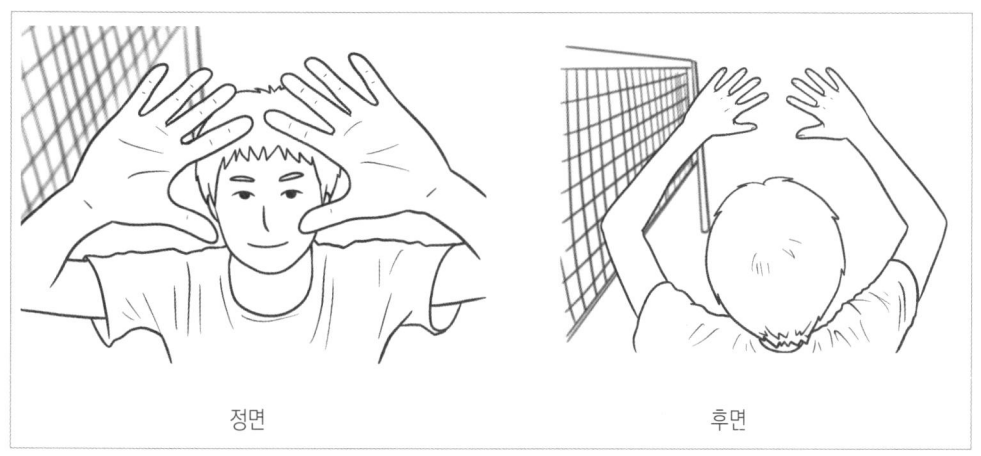

정면   후면

사진 Ⅱ-4. 오버핸드의 손 모양(정·후면)

배구, 이렇게 하면 된다

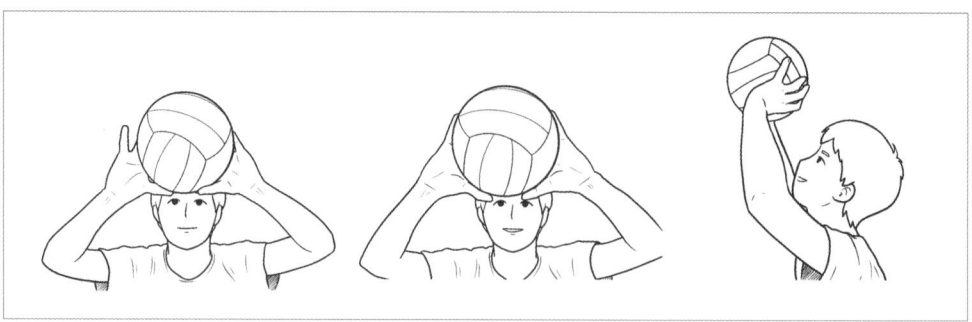

사진 II-5. 볼을 잡는 자세

▶▶ 손 모양의 요령

① 양손의 모든 손가락을 쫙 펴고, 검지와 검지는 손가락 1~2개 정도로, 엄지와 엄지는 주먹 하나 정도 들어갈 간격으로 벌린다.

② 양손의 검지와 엄지는 오버핸드 시 주요 손가락으로 볼을 받치는 역할을 하고, 나머지 손가락은 자연스럽게 볼의 사이드 주변을 감싸는데 볼의 컨트롤을 돕는다.

③ 볼과 손의 접촉 지점은 이마 위이다.

사진 II-6. 오버핸드의 연속 동작

II. 배구의 기술

≫ 요 령

① 기본자세를 취한다.

② 볼의 낙하지점으로 이동, 볼이 떨어짐과 동시에 팔꿈치와 무릎을 자연스럽게 충분히 구부린다.

③ 이마 위 약 5~10cm 정도에서 볼과 접촉한 후, 무릎과 팔꿈치를 동시에 펴며 일어난다.

④ Finish Motion으로 무게중심은 앞쪽에, 무릎과 팔꿈치는 완전히 펴며, 손모양은 그대로 유지한다. 모든 동작이 끝난 후 자연스럽게 손가락의 힘을 뺀다.

오버핸드는 이렇게

- 손 모양 : 볼을 손에 올려놓을 때나 보낼 때 엄지가 앞으로 튀어나오면 안된다.
- 무릎과 팔꿈치 그리고 손목을 충분히 사용해야 한다. 초보자에게 손목사용은 잘못된 자세를 만들 수 있기 때문에 손목사용은 금하는 것이 좋다.
- 볼이 손에 닿을 때는 두 손에 동시에 닿아야 하며, 볼은 손가락만 (첫째에서 두번째 마디) 닿아야지, 만약 손바닥에 닿게 되면 켓치볼 반칙을 범하게 된다. 또한 좌우 두 손의 볼 접촉 시간차가 생기면 더블컨택 반칙이 되거나 정확도가 떨어지게 된다.
- 시선은 볼을 보낼 지점을 보는데 대게 세터의 이마 앞쪽을 보고 보낸다.
- 멀리 보내는 볼은 관절을 많이 구부리고, 가까이 보내는 볼은 적게 구부렸다 편다.

배구, 이렇게 하면 된다

2) 언더핸드 패스(Underhand pass)

 언더핸드 패스는 허리 아래로 오는 볼을 처리하는 기술이다. 주로 서브리시브, 스파이크 리시브, 페인트 등 비교적 강하게 또는 낮게 날아오는 볼에 사용되는 기술이다.

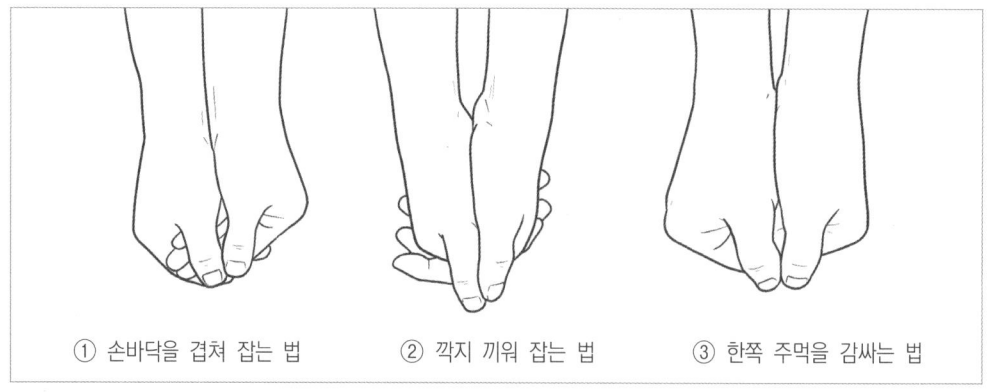

① 손바닥을 겹쳐 잡는 법   ② 깍지 끼워 잡는 법   ③ 한쪽 주먹을 감싸는 법

사진 Ⅱ-7. 손잡는 법

≫ 손을 잡는 방법

 사진과 같이 ① 손바닥을 겹쳐 잡는 방법 ② 손가락을 깍지 끼워 잡는 방법 ③ 한쪽은 주먹을 쥐고 다른 한쪽은 손바닥으로 감싸 쥐는 방법 등이 있다. 보통 ①과 같은 방법을 사용하는데 그 이유는 1) 잡기 편하다. 2) 잡은 후 제 2동작의 용이성 3) 땀 등에 의해 손이 쉽게 미끄러지지 않는다. 4) 낮게 날아오는 볼을 처리할 때 용이하다 등이다.

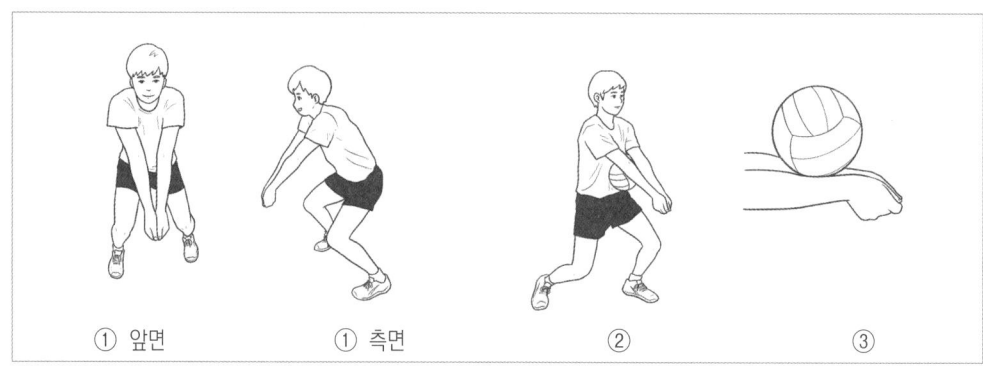

① 앞면   ① 측면   ②   ③

사진 Ⅱ-8. 언더핸드 자세의 요령

28 / 스마트 배구 아카데미

II. 배구의 기술

무릎이 벌어져 있음   팔꿈치를 펴지 않았음

사진 II-9. 잘못된 자세

≫ 언더핸드 자세의 요령

① 기본자세에서 어깨에 힘을 빼고, 팔꿈치를 완전히 펴는게 중요한데 이 동작은 손목에 힘을 주어 아래로 젖히면 자연스럽게 된다.

② 가슴으로부터 양팔의 간격은 상황에 따라 다르지만 보통 배구공 하나 정도의 간격을 둔다.

③ 볼이 닿는 팔의 위치는 손목에서 팔꿈치 쪽으로 약 5~10cm 부위다.

배구, 이렇게 하면 된다

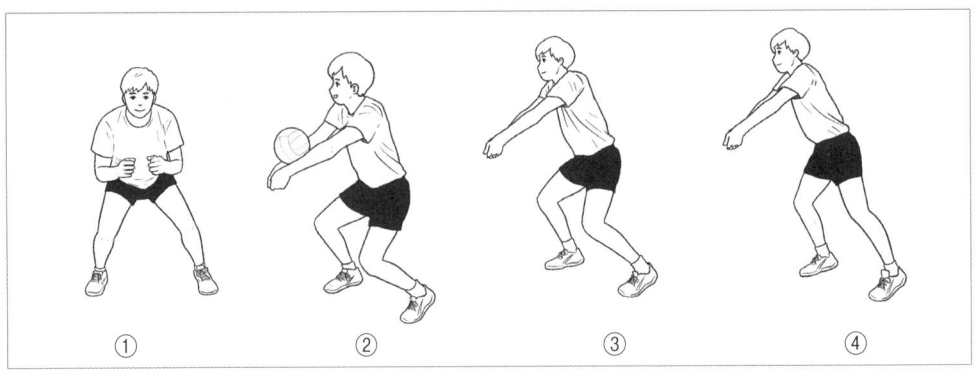

사진 Ⅱ-10. 언더핸드 패스의 연결동작

≫ 언더핸드 패스의 요령

① 기본자세를 취한다.

② 볼이 날아오는 방향으로 이동하여 정면으로 선 후, 팔꿈치를 완전히 편 상태에서 정확한 부위에 볼을 접촉한다.

③~④ 약한 볼일 경우 굽혀진 무릎을 펴면서 팔을 전방으로 약 10cm 정도 밀면서 보낸다(여기서 팔의 움직임은 거의 없다는 생각으로 한다).

언더핸드 패스의 핵심은

- 손바닥 겹쳐 잡는 방법으로 잡은 상태에서 손목을 아래로 젖히면 팔꿈치가 자연스럽게 펴진다.
- 볼 접촉 후 팔은 거의 사용하지 않는다는 생각으로 굽혀진 무릎을 쭉 펴면서 볼을 보낸다.

II. 배구의 기술

3) 싱글핸드 패스(Singlehand pass)

싱글핸드 패스는 한 손만을 이용하여 볼을 보내고자 하는 곳에 정확히 보내는 기술이다. 싱글핸드 패스는 오버 또는 언더핸드패스보다는 정확도가 떨어지기 때문에 될 수 있는 한, 두 손을 이용하여 패스하도록 하는 것이 중요하다. 하지만 도저히 두손으로는 볼을 접촉할 수 없을 때 싱글핸드 패스를 하게 되는 것이다.

볼이 손에 닿는 위치는 주먹, 손가락, 손등과 손바닥, 그리고 언더핸드 패스와 같이 볼 컨택점 등 처해진 환경에서 볼을 바닥에 떨어트리지 않고 다음 선수가 토스하기 편하게 보내주는 것이 중요하다.

▶ 요 령

① 기본자세를 취한다.
② 볼이 날아가는 방향으로 신속히 이동한다. 오버 또는 언더핸드패스가 도저히 불가능할 때에 싱글핸드 패스를 사용한다.
③ 한 손을 이용하여 가장 이상적인 부위에 볼을 접촉한다. 캐치볼 반칙(손바닥 사용)이 되지 않도록 주의한다.
④ 앞 방향으로 짧고 낮게 오는 볼은 슬라이딩리시브 기술을 사용하며, 짧으나 비교적 높이 뜬 볼은 플라잉리시브 기술을 사용하여 볼을 쳐 보낸다. 또한 좌우로 오는 볼은 크로스 및 사이드 스텝 후 마지막 스텝을 길게 뻗어 롤링(또는 반롤링) 기술을 사용하여 볼을 쳐 보낸다.

〈이에 대한 자세한 내용과 사진은 리시브(Receive)에서 다루겠다.〉

싱글핸드 패스는 최후의 보루이다.

• 싱글핸드 패스는 오버 또는 언더핸드 패스가 도저히 불가능할 때만 한다.

4) 패스 연습법

(1) 직상 패스

혼자서 오버핸드와 언더핸드를 이용하여 계속해서 위로 볼을 올려보내는 연습방법이다. 이때는 볼의 낙하지점 아래로 빠르게 들어가는 게 중요한데 오버핸드는 두 손의 위치를 이마 위에 두고 손가락 모양, 특히 엄지와 검지모양에 신경 쓰는 것이 중요하며, 언더핸드는 볼의 입사각과 반사각이 90°가 되게 볼 접촉 시 팔이 수평이 되게 하는 것이 중요하다.

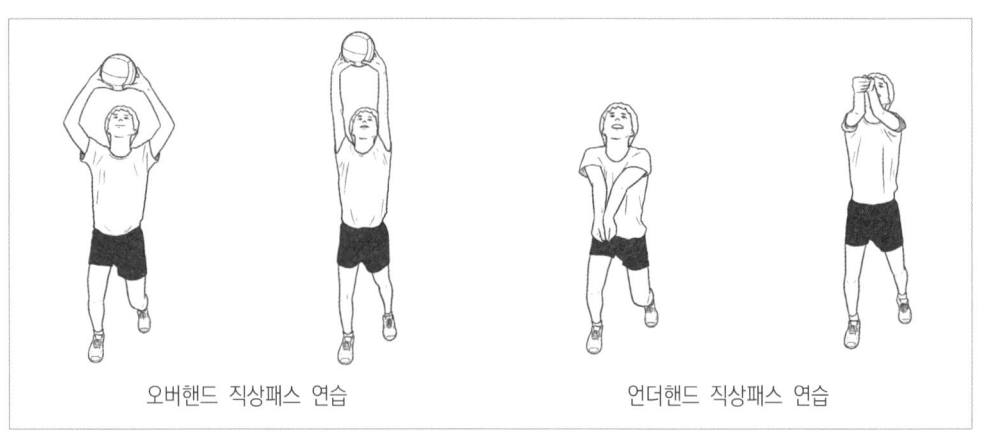

오버핸드 직상패스 연습   언더핸드 직상패스 연습

사진 Ⅱ-11. 직상패스 연습

직상패스 이렇게 연습해야 편하다.

- 볼을 올려보낸 후 재빨리 기본자세로 되돌아가 볼을 기다려야 한다.
- 볼의 이동이 있더라도 낮춘 자세에서 움직이는 것이 중요하다.
- 언더핸드패스 시 볼 접촉각도 85~90° 유지

Ⅱ. 배구의 기술

(2) 벽 이용 패스(가장 좋은 방법)

벽을 이용하여 연습하는 방법으로 벽과의 거리를 자유자재로 조절하면서 패스의 기술을 숙달시킬 수 있기 때문에 초보자가 빠른 시일 내에 패스기술의 완성도를 높일 수 있는 방법 중의 하나이다.

벽 쪽으로 붙어서   벽과 거리를 두고

사진 Ⅱ-12. 벽이용 패스연습

오버와 언더핸드패스를 잘하고 싶으면 벽과 친해져라.

- 처음 실시할 때는 벽에 가까이 서서 행하다가 점차 벽에서 떨어지면서 행한다.
- 언더핸드패스: 자세를 낮추고 손목을 아래로 젖혀 팔꿈치를 완전히 편 상태에서 무릎반동만 살짝 주면서 정해진 개수를 실시한다.
- 오버핸드패스-손목 강화법: 벽과 완전히 밀착한 후 손가락 사용 없이 손목만 사용하여(엄지손가락이 앞으로 튀어나오면 안 됨) 실시함. 농구공을 사용-손목 힘을 기를 수 있다.

(3) 1대1 패스(대인패스)

1대1 패스는 배구현장에서는 흔히 '맨투맨' 패스로 부른다. 두 사람이 3~5m 거리에서 마주 보고 오버핸드나 언더핸드로 정면에 있는 사람에게 볼을 보내는 연습방법이다. 1대1 패스 연습방법이 익숙하게 되면 다양한 응용 패스 연습방법을 사용하여 패스의 완성도를 높일 수 있다.

사진 Ⅱ-13. 1대1 패스연습 방법

이렇게 해라.

- 초보자는 파트너와 3m 정도 떨어져 부담 없이 할 수 있도록 한다.
- 초보자에게는 볼을 정확히 던져 줘 이동하지 않고 패스연습을 할 수 있도록 한다.
- 상대방에게 볼을 보낸다는 생각보다는 위로 올려 포물선을 그려 보낸다는 생각을 가지고 하도록 해야 한다. 그래야 서로 여유가 생긴다.

II. 배구의 기술

(4) 기타 방법

다음의 사진과 같이 연습하여 패스(토스)시에 필요한 근력 및 자세의 완성도를 높일 수 있다.

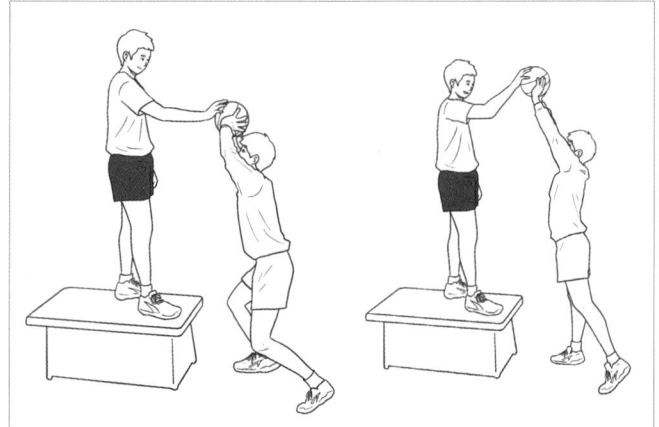

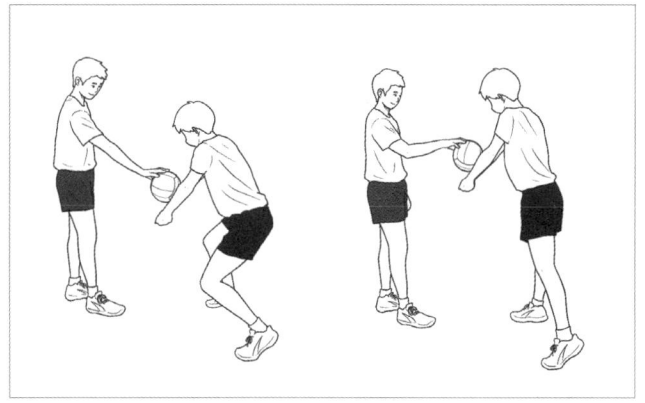

사진 II-14. 기타방법

배구, 이렇게 하면 된다

3 토스(Toss)

토스는 패스의 일종으로 세터가 공격수에게 공격할 수 있도록 볼을 띄워주는 것을 의미한다. 패스와 토스는 유사하여 넓은 의미에서 혼용하여 사용하고 있으나 패스와 토스를 구분한다면, 〈패스〉는 상대편의 코트에서 넘어온 볼을 리시브한 첫 번째 동작으로서 세터(토스를 전문으로 하는 선수)에게 보내는 것을 의미하며, 〈토스〉는 세터가 공격수에게 공격을 할 수 있도록 볼을 띄워주는 것을 의미한다. 최근 들어 토스(toss), 세팅(setting), 세트(set), 세트업(set-up) 등의 용어로 혼용해서 사용하고 있다.

따라서 세터는 ① 공격수가 공격하기 좋게 볼을 올려주는 것 ② 공격수의 공격 특성을 파악할 것 ③ 4명의 공격수에게 정확한 공격사인을 줄 것 ④ 상대팀 블로커의 신장이 가장 작은 쪽이 어딘가를 파악할 것(블로킹이 약한 선수) ⑤ 상대팀 블로커가 리딩하기 어려운 토스를 구사해야 한다.

1) 오픈 토스

오픈 토스란 양 사이드 안테나 부근까지 높게 볼을 올려주어 공격할 수 있도록 하는 것을 말한다. 토스 중 가장 높고 안테나 부근까지 볼을 보내주기 때문에 공격수가 비교적 여유 있게 볼을 보며 타이밍을 맞출 수 있다는 것이 특징이다.

특히 시합 중 리시브가 흔들렸을 때 속공 및 시간차 공격이 불가능할 경우 자주 사용되는 토스이다.

II. 배구의 기술

사진 II-15. 오픈 토스 연결동작

》 요령

① 양손을 가슴 근처에 두고 시선은 리시브하는 쪽을 바라보며 신속히 움직일 준비를 한다.

② 기본자세는 오버핸드 패스와 같으며, 보내는 방향으로 가슴을 향한다.

③ 볼 밑으로 이동하여 발목, 무릎, 팔꿈치, 손목의 관절을 충분히 구부려 볼이 손안에 들어올 때까지 기다린다.

④ 볼의 낙하지점과 날아가는 볼의 궤도를 머릿속에 그리면서 구부렸던 관절을 동시에 쭉 편다.

⑤ 볼의 낙하지점을 네트로부터 0.5~1m 정도 떨어지게 한다.

오픈 토스 어려운 것이 아니다.

- 오픈 토스를 정확하게 올려주면 그 이상 좋을 게 없지만, 실수로 인해 실점기회가 종종 나타난다. 따라서 오픈 토스는 공격수가 띄운 볼을 보고 여유 있게 때릴 수 있도록 하면 된다.

2) 수직 토스(앞차)

수직 토스란 일반적으로 세터가 네트 중앙부근에서 자기 머리 위로 1~2m 높이로 볼을 올려주는 토스기술로 앞차공격 및 시간차 공격을 행할 때 주로 사용한다.

사진 Ⅱ-16. 수직 토스 연결동작

≫ 요령

① 양손을 가슴 근처에 두고 시선은 리시브하는 쪽을 바라보며 신속히 움직일 준비를 한다.

② 오버핸드패스 자세로 볼의 낙하지점 밑으로 들어가 무릎과 팔꿈치를 구부려 볼을 기다린다.

③ 시선과 가슴을 약간 뒤로 젖혀 얼굴 위에서 볼과 접촉한다.

④ 구부렸던 무릎과 팔꿈치를 동시에 가볍게 쭉 편다.

수직 토스는 이렇게

- 시선과 가슴을 약간 뒤로 젖히는데 이때 자연스럽게 손바닥이 체육관의 천정을 바라보게 된다.
- 얼굴 정면으로부터 약 50cm, 네트로부터 50cm 정도 떨어지게 토스한다.

Ⅱ. 배구의 기술

3) 점프 토스

점프 토스의 사용은 첫째, 네트상단 위로 넘어가는 볼을 넘어가지 않도록 힘껏 점프하여 공격할 수 있도록 볼을 올려주기 위한 기술이며, 둘째 블로커를 따돌리기 위한 페인트 모션으로 사용하는 기술이다.

따라서 세터의 신장, 점프력, 체공력 등이 좋아야 보다 안정된 토스워크를 구사할 수 있다. 특히 세터(전위)가 넘어가는 볼을 점프 토스하는 척하다가 놔두면 그대로 상대방 코트로 넘어가기 때문에 상대방 블로커는 어쩔 수 없이 블로킹에 가담하게 되며 이때 공격찬스를 얻을 수 있게 된다.

사진 Ⅱ-17. 점프 토스 연결동작

≫ 요령

① 기본자세에서 리시브 쪽을 바라보며 미리 볼이 올 방향을 리딩하여 신속히 움직일 수 있도록 준비한다. 이때 무릎관절은 충분히 낮춰 바로 점프할 수 있도록 한다.

② 볼의 낙하지점으로 신속히 이동하거나 또는 그러지 못할 경우 이마 위에서 볼을 잡을 수 있도록 빠른 연결동작이 필요하다.

③ 점프의 최고점에서 볼을 접촉하여 토스하는데 대게 팔꿈치와 손목 그리고 손가락 힘으로 토스한다.

점프 토스는 이렇게

- 오버 넷을 주의하여야 하는데 네트상단 위로 상대방 코트 쪽으로 볼이 넘어갔을 때는 볼을 건드리지 말아야 한다(센터라인 침범 주의할 것).
- 시합 시 상대 블로커를 속이기 위해서는 점프 토스가 매우 효과적이다.

4) 백 토스

백 토스는 볼의 방향을 앞으로 토스하는 것처럼 하다가 세터의 뒤편으로 볼을 보내는 토스로 백 공격을 사용하는데 있다. 세터가 볼을 앞으로 또는 뒤로 밀어주는 것을 상대 블로커가 전혀 예측하기가 어렵게 해야 한다. 이 토스는 상대방 블로커의 리딩을 어렵게 하여 공격 성공률을 높이게 된다.

사진 II-18. 백 토스 연결동작

Ⅱ. 배구의 기술

🔹 요령

① 기본자세로 날아오는 볼은 바로 서서 높은 볼은 점프 백 토스로, 낮은 볼은 낮게 볼 밑으로 파고 들어간다.

② 손과 팔은 오버핸드 패스와 같이하고 이마 앞 위쪽에서 볼과 접촉한다.

③ 볼을 보낼 때 가슴을 들면서 뒤쪽으로 하면 허리가 자연스럽게 들어가고 이때 팔꿈치와 무릎의 탄력을 이용하며 볼을 보낸다. 이 동작이 동시에 이루어져야 한다.

백 토스는 이렇게

- 볼이 손가락에 접촉할 때까지 기다리고 접촉 시 가슴을 위로 들고 배를 앞으로 내밀면서 엉덩이를 밀어 넣는다(약간 볼 밑에서 앞으로 파고드는 느낌). 이때 굽혔던 팔꿈치는 쭉 펴면서 후방 대각선 쪽으로 민다.

5) 이단 토스

이단 토스는 정확한 리시브에 의해 약속된 공격플레이를 할 수 없는 상황 시에 세터 또는 세터가 아닌 나머지 5명의 선수가 공격을 원활히 수행할 수 있도록 높고 정확하게 올려주는 토스를 말한다.

이단 토스가 제대로 이루어지지 않으면 아무리 잘하는 공격수가 있다 하더라도 상대 팀에게 찬스 볼로 넘겨줘야 되기 때문에 그만큼 실점의 기회가 많아진다.

일반적으로 강한 스파이크에 대한 디그 후 정확한 이단 토스와 공격으로 연속득점을 성공하게 되므로 멋진 디그 후 공격수가 스파이크를 할 수 있도록 정확한 토스를 해주는 것이 중요하다.

배구, 이렇게 하면 된다

사진 Ⅱ-19. 이단 토스 연결동작

》 요령

① 볼의 낙하지점으로 신속히 이동하여 팔꿈치와 무릎관절을 충분히 구부려 이마 위에서 볼의 접촉을 기다린다.

② 볼을 천장 쪽으로 높게 올려보내고자 하는 지점까지 볼을 보낸다는 생각으로 팔꿈치와 무릎관절을 충분히 사용한다.

③ 이단토스 후의 피니시 동작을 확실하게 하는데 약간 전방으로 무게중심이 쏠려 있어야 한다.

정확한 이단 토스가 어려울 때는 이렇게 해라.

- 공격수가 알아서 때릴 수 있도록 높게 올려주는 것이다.
- 선수의 이름을 부르며 올려주는 것도 효과적이다.

6) 싱글핸드 토스

싱글핸드 토스는 네트상단 위로 볼이 상대방 코트로 넘어가려는 경우, 양손으로 점프 토스하기는 어려울 때 한 손으로 토스하는 것을 말한다. 싱글핸드 토스는 세터가 전위일 경우 한 손으로 얼마든지 공격할 수 있기 때문에 상대방의 블로커를 따돌리는 찬스를 만들기도 한다. 그러나 토스할 때 오버넷 또는 캐치볼 반칙을 주의해야 한다.

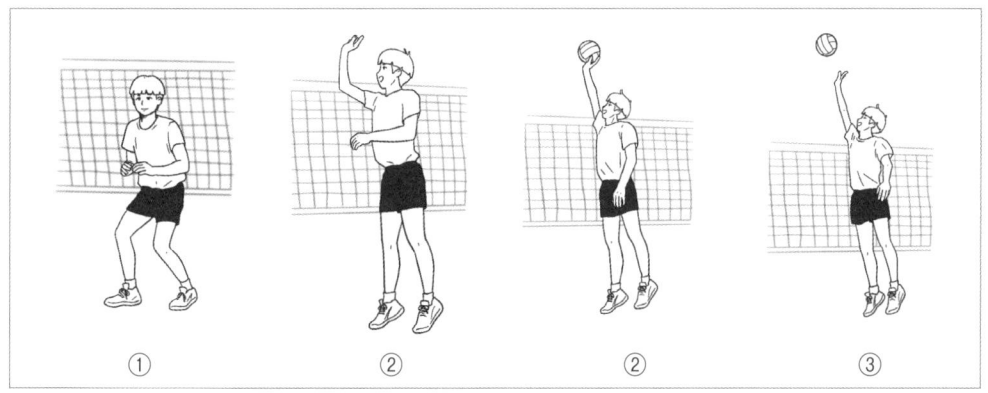

사진 Ⅱ-20. 싱글핸드 토스 연결동작

≫ 요령

① 준비자세를 취하고 볼의 낙하지점을 리딩한다.

② 네트 상단 위로 넘어가는 볼이기 때문에 높이 점프하여 팔꿈치를 최대한 편 상태에서 손가락으로 볼을 튕길 자세를 취한다.

③ 볼을 토스하는 순간은 손목의 힘과 손가락의 탄력을 이용하여 쭉 민다.

싱글핸드 토스는 이렇게

- 한 손으로 밀기 때문에 멀리 보내기가 어려워 A, B, C퀵과 같은 빠른 공격 또는 시간차 공격토스에 유리하다.
- 볼과 접촉 시 구부렸던 팔꿈치, 손목, 손가락을 사용하여 통~하고 튕겨 보내는 느낌으로 빠르게 밀어준다.

배구, 이렇게 하면 된다

7) 토스의 연습법

좋은 토스를 행하기 위해서는 오버핸드나 언더핸드 패스를 충분히 익혀야 한다. 왜냐하면 토스의 기본은 패스에서 나오기 때문이다. 그러나 패스는 다음 선수(세터)에게 정확히 보낸다는 의미가 있지만 토스(세터가)는 공격수에게 좋은 스파이크를 하여 득점을 올릴 수 있도록 하는데 있다. 즉 좋은 토스란 공격수의 입맛에 맞게 올려주는 것을 말한다.

(1) 1인 연습법

혼자서 볼을 가지고 자기 머리 위로 직상 토스를 반복한다. 오버핸드나 언더핸드 토스가 안정된 폼이 될 수 있도록 연습한다.

1인 연습법은 여러 가지 응용할 수 있다.

- 직상토스
- 앉아서 직상토스
- 무릎굴신 직상토스
- 토끼뜀 직상토스
- 점프 직상토스
- 회전 직상토스
- 벽이용 토스
- 벽 바운드 토스
- 백 토스
- 바닥 바운드 토스

II. 배구의 기술

(2) 2인 연습법

두 사람이 한 조가 되어 4~5cm 정도의 거리를 두고, 네트에서 1m 정도 떨어져 마주보고 서서 오버핸드나 언더핸드토스를 교대로 실시한다. 이러한 방법이 숙달되면 계속 토스를 주고받는다.

2인 연습법은 여러 가지로 응용할 수 있다.
- 전후진 토스
- 전후방 이동 토스
- 런닝 토스
- 좌우 이동 토스
- 맨투맨 좌우 이동 토스
- 회전토스
- 맨투맨 백 토스
- 사이드 토스
- 맨투맨 점프 토스

4 스파이크(Spike)

스파이크란 네트 상단 위로 띄워진 볼을 공격수가 스텝을 이용하여 상대방 코트에 볼을 강하게 때려 넣는 것을 말한다. 스파이크는 득점을 얻기 위한 최상의 기술로 파워 넘치는 스파이크는 배구의 꽃이라 할 정도로 관중들을 매혹시킨다.

스파이크의 기술은 도움닫기, 점프, 공중동작, 착지 등의 4가지 기술로 구성되어 있다. 이런 단계적인 기술습득을 통해 조화로운 스파이크를 구사할 수 있다.

먼저, 스파이크의 스타트 위치 선정이 중요하다. 공격수는 상대 코트에서 넘어오는 볼을 블로킹하거나 리시브를 한 후에 재빨리 공격할 수 있는 위치로 이동하는 것이 무엇보다 중요하다. 좋은 위치 선정은 스파이크의 성공과 실패의 열쇠가 되기 때문이다. 둘째, 힘찬 도움닫기를 통해 높이 점프한다. 볼의 방향으로 도움닫기 할 때 낮은 전 향의 자세를 취하여 발구름 점에서 허리의 상하 이동을 피하고 준비자세의 위치로 부터 지면과 평행하게 직선적으로 중심을 이동하여 도움닫기를 한다.

이때 이상적인 도움닫기는 발목이 80~90도, 무릎은 100~110도, 허리는 90도 정도 구부려 양팔을 몸 뒤쪽으로 완전히 뺀 후 두 손을 동시에 앞으로 강하게 차올리며 높이 점프한다.

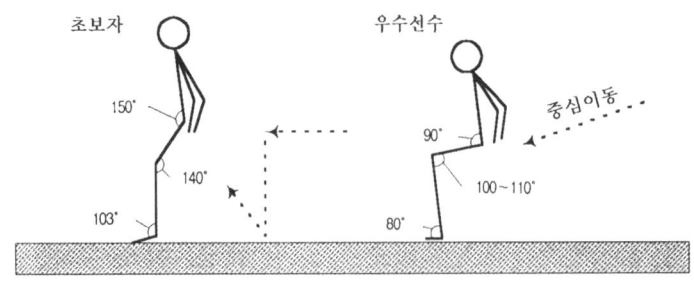

그림 Ⅱ-3. 발구름 각도

II. 배구의 기술

셋째, 최고의 타점에서 볼을 때린다. 초보자는 점프를 하지 않고 볼을 때리는 연습을 하다가 점점 점프와 병행하여 실시한다. 볼을 때릴 때는 팔꿈치를 귀 옆까지 완전히 세우고 고정된 상태에서 팔을 뻗으며 볼을 때린다.

스파이크할 때 볼의 위치는 얼굴 앞 위쪽에 놓아야 하며, 손바닥은 힘을 빼고 손가락을 약간 벌린 상태에서 팔꿈치를 펴는 동시에 스냅을 사용하며 때린다.

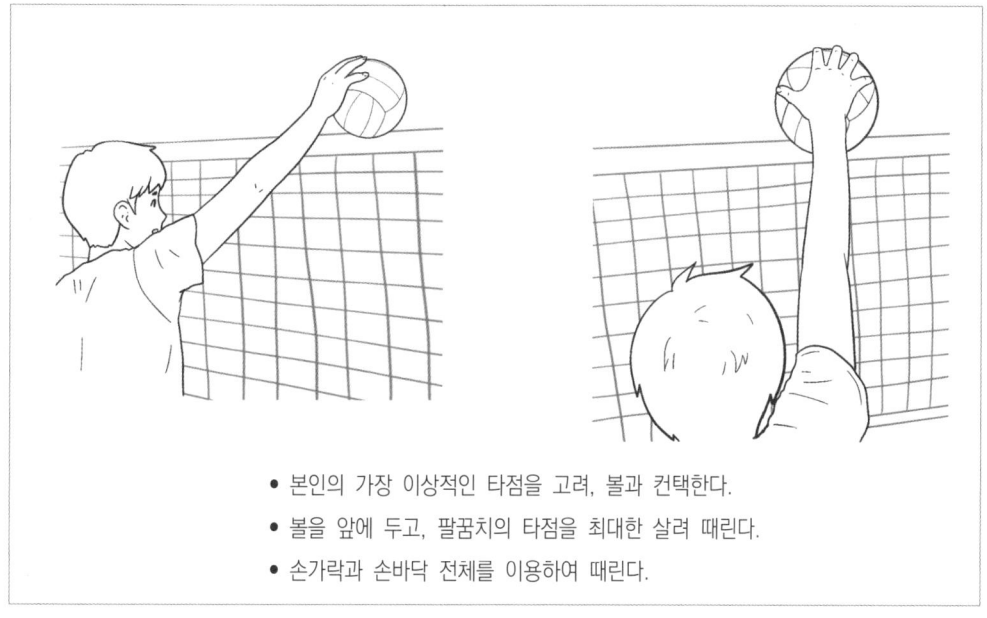

- 본인의 가장 이상적인 타점을 고려, 볼과 컨택한다.
- 볼을 앞에 두고, 팔꿈치의 타점을 최대한 살려 때린다.
- 손가락과 손바닥 전체를 이용하여 때린다.

사진 II-21. 스파이크 시 손과 볼의 컨택지점

타점이 높은 선수가 공격 성공률이 높은데 타점은 "신장 + 수직도(점프력) + 팔의 길이"에 의하여 결정되므로 신장이 크고, 점프력이 좋으며, 팔의 길이가 긴 사람이 유리하다.

넷째, 때리고 난 후 안정된 착지동작을 해야 한다. 공격수가 흐르는 점프를 하면 터치넷 또는 센터라인 침범 반칙이 일어나기 쉽고, 부상위험이 뒤따르게 된다.

배구, 이렇게 하면 된다

1) 팔의 스윙과 스텝

팔의 스윙은 스파이크의 기초 단계로서 가장 이상적인 타점에서 볼을 때릴 수 있도록 몸에 익히는 것이 중요하다. 팔의 스윙 동작이 자연스럽지 못하면 좋은 스파이크를 구사하기가 어렵다. 따라서 초보자는 팔의 스윙 동작을 완전히 숙달시킨 후에 볼을 가지고 스파이크 연습을 시켜야 한다.

≫ 요령

① 준비자세는 스파이크 마지막 스텝자세에서 시작한다.

② 두 팔을 힘껏 차올리고 오른손잡이일 경우 오른손 팔(어깨)을 귀에 스쳐 때릴 준비를 한다.

③ 올렸던 왼손을 내리면서 그 힘으로 오른손의 팔꿈치를 펴면서 때린다. 이때 팔꿈치가 아래로 내려가지 않도록 한다.

④ 볼과 컨택 동시에 손목의 스냅을 준다.

⑤ 폴로스윙을 한다.

사진 II-22. 팔의 스윙동작

II. 배구의 기술

> ### 이렇게 연습해라.
>
> - 공격 스텝 중 차오르기 준비부터 시작하여 스윙동작 마지막 동작까지 하는 것이, 후에 스파이크 스텝을 배울 때 용이하다.
> - 때리는 손의 팔꿈치를 아래로 내리지 않을수록 타점은 높아진다.
> - 스윙 시 허리를 뒤로 젖혔다가 앞으로 튕기면서 때리면 볼에 더욱 힘을 실을 수 있다.
> - 초보자는 팔의 스윙 동작이 몸에 완전히 익히도록 연습한 후 공격 스텝을 배워야 한다.

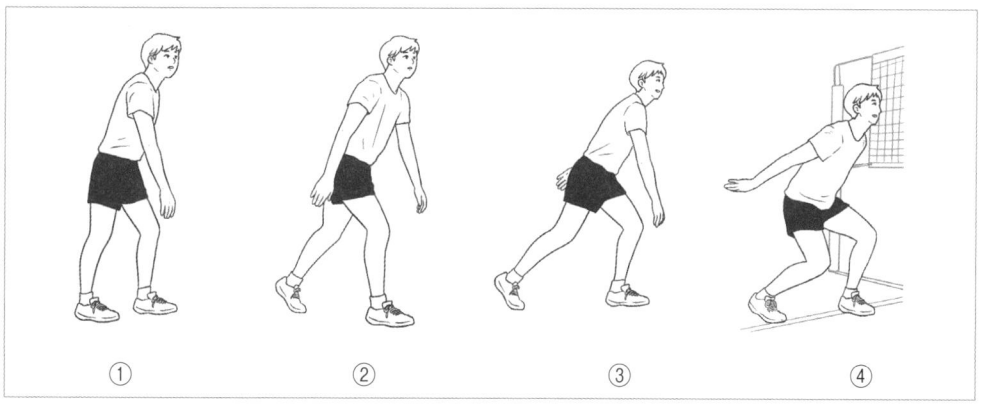

사진 Ⅱ-23. 도움닫기

≫ 도움닫기 요령

① Start : (오른손잡이일 경우) 왼발과 오른팔을 앞에 두고 볼을 쳐다본다.

② First Step : 세터가 토스하기 전 One-step 들어간다. 오른발과 왼팔이 앞으로 간다.

③ Second Step : 세터가 토스한 볼이 날아가는 것을 보고 Two-step 들어간다. 왼발과 오른팔이 앞으로 간다.

④ Third Step : 볼이 최정점으로 올라갔다가 떨어지는 것을 보고 Three-step 들어간다.

④에 대한 자세한 설명은 다음 사진을 보고 설명하도록 한다

① two-step상태　　②　　　　　③　　　　　④

사진 Ⅱ-24. 마지막 도움닫기 동작

▶▶ 중요: 마지막 스텝 요령

① 왼발과 오른팔이 앞에 있다(Two-step한 상태).

② 뒤에 있던 왼팔은 그 위치에서 더 뒤로 빼고, 앞에 있던 팔은 뒤로 빼면서 오른발이 나간다.

③ 두 팔은 완전히 뒤로 뺀다. 이때 팔꿈치를 구부리지 않는다.

④ 나간 오른발 앞에 왼발(발끝을 안쪽으로)을 거의 동시에 갖다 댄다(이때 발구름 소리는 "따-닥!" 소리).

①　　　　　②　　　　　③　　　　　④

사진 Ⅱ-25. 공중 동작

II. 배구의 기술

≫ 공중자세 요령

① 몸 뒤쪽에 둔 양팔의 팔꿈치를 구부리지 않은 상태에서 앞으로 힘껏 차 올리면서 구부렸던 무릎과 발목을 사용하여 힘껏 도약한다.

② 차올린 양팔을 머리 위까지 올리고 자연스럽게 오른손 팔꿈치를 구부리고, 왼팔을 편 상태에서 볼을 쳐다본다(때릴 준비).

③ 왼팔을 밑으로 내림과 동시에 구부렸던 오른팔은 팔꿈치를 고정한 상태에서 팔을 뻗으며 볼을 때린다. 미팅순간 오른손의 팔꿈치가 완전히 편 상태에서 스냅이 들어가야 한다.

④ 폴로우 스윙하면서 착지한다.

허리를 사용해라.

- 위의 공중자세요령이 익숙해지면 허리를 약간 뒤로 젖혔다가 앞으로 팅기면서 볼과 미팅한다. 스파이크의 파워를 높일 수 있다.

스파이크의 종류는 다음과 같다.

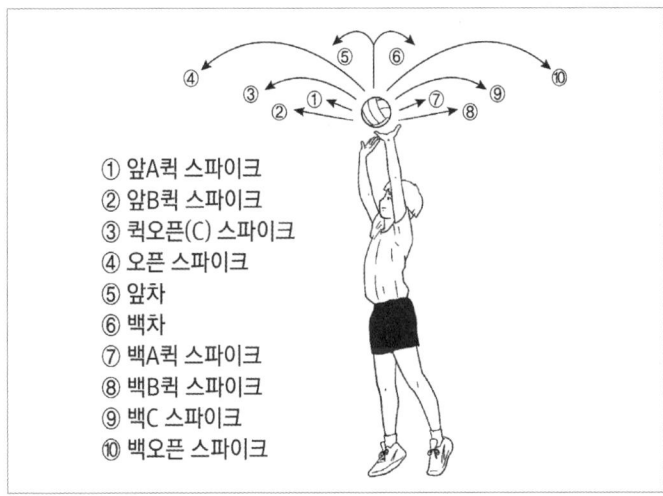

그림 II-4. 스파이크의 종류

2) 스트레이트 스파이크

스트레이트 스파이크는 점프 후 허리, 팔의 스윙과 스냅을 이용하여 일직선으로 볼을 때리는 방법으로서 블로킹을 비껴 때리는 기술이다.

≫ 요령

① 초보자는 어택라인 뒤쪽 50cm, 사이드라인 옆 50cm 지점에 서서 준비자세를 취한다.
② 볼을 보면서 도움닫기를 한다. 마지막 스텝 시 왼쪽 어깨를 네트 쪽으로 하여 점프한다.
③ 이때 볼이 오른쪽 눈앞을 지나가기 전 스냅을 이용하여 때리는 방법과 왼쪽 눈앞을 지나갈 때 어깨와 손목을 이용하여 때리는 방법이 있다.
④ 때릴 때 얼굴은 크로스를 보고 있어야 한다.

3) 크로스 스파이크

크로스 스파이크는 2인 블로킹 사이를 보고 때리는 반크로스와 센터블로킹 왼손 바깥쪽으로 지나 어택라인 부근에 떨어지는 완전 크로스가 있다.

≫ 요령

① 초보자는 어택라인 뒤쪽 50cm, 사이드라인 옆 50cm 지점에 서서 준비자세를 취한다.
② 몸에 힘을 빼고 볼을 보면서 도움닫기를 한다. 마지막 스텝 시 왼쪽 어깨를 네트쪽으로 하여 점프한다.
③ 완전 크로스 스파이크 시 볼이 오른쪽 눈에서 떨어질수록 각이 큰 크로스 공격을 할 수 있다(반크로스 스파이크는 오른쪽 눈에 들어왔을 때 때림).
④ 미팅 순간 허리를 튕기며 상체를 자연스럽게 숙인다.

4) 오픈공격

오픈공격이란 양 안테나 부근에 높이 토스한 볼을 때리는 공격으로서 서브리시브 불안 또는 디그 후 가장 많이 사용되는 공격으로서 파괴력이 높은 공격이다.

오픈공격은 공격의 기본으로서 팀의 주공격수가 주로 사용하는 공격으로 시합 시 약 50% 이상이 오픈공격으로 이루어진다. 일반적으로 연속득점은 디그 후 이단토스 시 주로 오픈공격으로 득점을 올리게 된다.

사진 Ⅱ-26. 오픈공격의 위치   사진 Ⅱ-27. 날아가는 오픈토스

사진 Ⅱ-28. 오픈공격의 연결동작

배구, 이렇게 하면 된다

🔸 요령

① 마지막 three-step은 멀리 힘껏 도약한다.

② 팔꿈치를 편 상태에서 머리 위로 두 팔을 올려 때릴 준비를 한다.

③ 볼을 앞에 두고 뒤로 젖혔던 허리와 무릎을 앞으로 튕기면서 동시에 굽혔던 팔꿈치를 펴 손목을 이용하여 볼을 때린다. 이때 상체를 자연스럽게 앞으로 숙여 볼에 체중을 충분히 실어준다.

④ 폴로우 스윙을 하면서 착지한다.

사진 Ⅱ-29. 점프 전 발의 모양

오픈공격은 이렇게 해라.

- 어택라인 바깥쪽으로 돌아 들어오면서 대각선을 보고 점프를 한다. 이때 상대 블로킹을 속일 수 있는 모션 및 각도가 만들어진다.
- 몸에 힘을 빼고 도움닫기를 하나, 마지막 스텝은 빠르게 힘껏 차서 높은 점프가 나오도록 한다.
- 스파이크 시 볼을 얼굴 위·앞에 두고 때려야 상대 블로킹을 볼 수 있다.

5) 퀵오픈 공격(C 공격)

오픈공격보다 볼의 높이가 낮고 빠르게 토스하여 상대방의 센터블로킹이 오기 전에 스파이크하는 공격을 말한다. 이와 같은 퀵오픈 공격은 공격수와 세터와의 호흡이 매우 중요하다.

사진과 같이 볼의 길이는 오픈공격과 같으나 토스 높이가 낮음을 알 수 있다.

Ⅱ. 배구의 기술

사진 Ⅱ-30. 퀵오픈 공격의 위치 　　　　사진 Ⅱ-31. 날아가는 퀵오픈 토스

다음은 이동 C공격 연속동작을 설명하는 사진이다. 다음과 같은 플레이를 할 수 있다.
① B퀵 + 앞차 or B퀵 + 이동 C공격

사진 Ⅱ-32. 이동 C공격의 연결동작(예)

6) 앞차공격

앞차공격은 세터 앞에서 약 50~100cm 사이의 거리, 높이는 약 100cm 내외에서 이루어지는 공격을 말한다. 이러한 앞차공격은 속공과 함께 사용되는데 그 목적은 상대방의 블로킹을 속이기 위한 것으로 '시간차 공격'이라고 한다.

사진 Ⅱ-33. 앞차공격의 연결동작

▶▶ 요령

① 몸에 힘을 빼고 스텝을 밟는다.

② 토스된 볼의 위치를 고려, 마지막 스텝을 힘껏 밟고 점프를 한다.

③~④ 볼을 앞에 두고 손목을 이용, 빠르게 스윙하여 스파이크 한다.

7) 백차 공격

백차 공격은 세터 뒤에서 약 50~100cm 사이의 거리, 높이는 약 100cm 내외에서 이루어지는 공격을 말한다.

II. 배구의 기술

사진 II-34. 백차 공격의 연결동작

8) 백 오픈 및 백C 공격

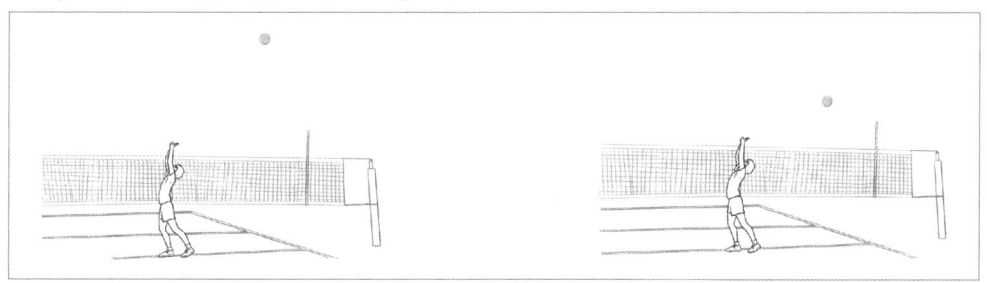

사진 II-35. 백 오픈 토스의 높이   사진 II-36. 백C 토스의 높이

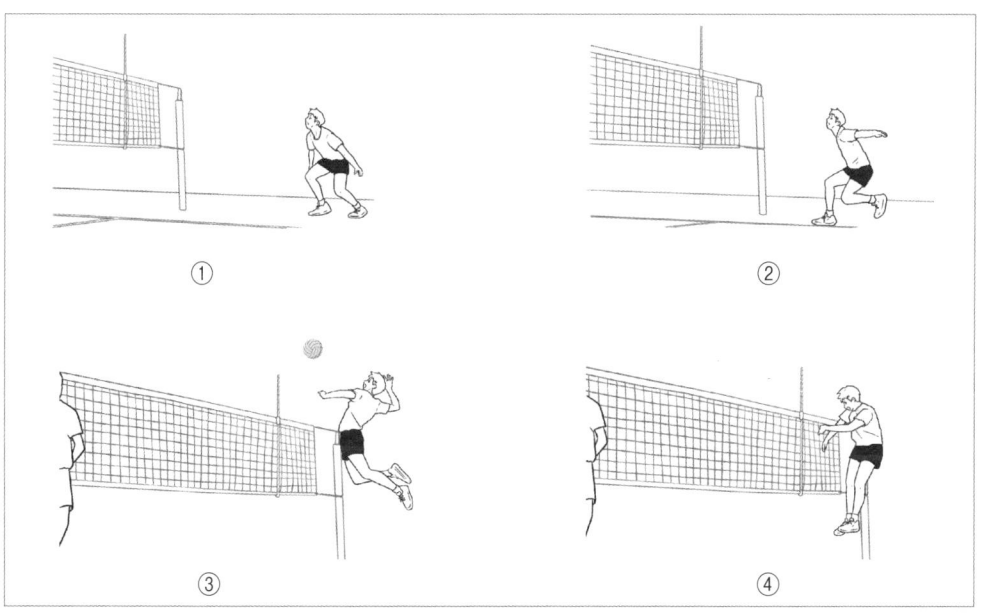

사진 II-37. 백 오픈 또는 백C 공격의 연결동작

배구, 이렇게 하면 된다

백 오픈 및 백C 공격은 백차와 같이 세터 뒤에서 이루어지는 공격이다. 백 오픈은 오픈 공격과 같이 높게 하여 안테나 부근까지 보내는 토스를 스파이크하는 공격이며, 백C 공격은 C공격과 같이 길이는 같으나 토스의 높이를 낮게 하여 상대방 센터블로킹이 따라오지 못하도록 하는 공격을 말한다.

9) 시간차 공격

시간차 공격은 앞에서 이야기했듯이 상대방 블로킹을 속이기 위해 퀵 스파이크(속공)를 이용하여 다음 공격수에게 토스하여 스파이크하는 공격을 말한다. 일반적으로 속공수와 함께 이루어진다.

예를 들면

① A퀵 + 앞차를 길게 주는 플레이

② A퀵(길게) + A와 세터 사이로 앞차를 올려주는 플레이

③ 백A(길게) + 백A와 세터 사이로 백차를 올려주는 플레이 등

10) 퀵 스파이크(속공)

퀵 스파이크란 낮고 빠르게 토스하여 상대팀의 블로킹이나 디그가 준비되기 전에 때리는 공격방법이다. 따라서 세터와 속공수의 호흡이 잘 맞아야 한다. 퀵 스파이크의 종류는 앞A, 앞B, 백A, 백B 등 볼의 높이와 길이에 따라 종류가 다양하나 중요한 것은 속공수는 세터가 토스하기 전 점프하여 공중에서 볼을 기다려야 한다는 것이다. 따라서 속공수는 큰 신장과 체공력이 좋아야 하며, 팔 스윙은 오픈공격과 다르게 팔꿈치를 들어 언제든지 때릴 수 있도록 해야 하며 손목 스냅으로 볼을 빠르게 처리해야 한다.

Ⅱ. 배구의 기술

≫ 요령

① 퀵 스파이크 종류에 따른 준비자세를 취한다.

② 세터와 속공수의 콤비네이션이 중요한데 속공수는 세터가 토스하기 전 점프하여 볼을 기다려야 한다.

③ 언제든지 때릴 준비를 하고 있다가 볼이 오면 손목스냅으로 빠르게 볼을 처리한다.

(1) A퀵 스파이크(A속공)

A퀵 스파이크는 세터 가까이에서 때리는 빠른 공격으로서 네트 위로 40 ~ 50cm 정도 올려진 볼을 공격수가 미리 점프하여 공중에서 볼을 기다렸다가 때린다.

사진 Ⅱ-38. A퀵 스파이크의 위치

사진 Ⅱ-39. A퀵 스파이크 연결동작

배구, 이렇게 하면 된다

≫ 요령

① 준비자세를 취한다.
② 세터의 토스 위치를 판단하여 도움닫기를 한다.
③ 세터가 볼을 토스하기 바로 전에 점프한다.
④ 점프함과 동시에 팔꿈치를 들어 때릴 준비를 한다.
⑤ 손목스냅을 이용하여 스윙을 빠르게 하여 볼을 처리한다.

(2) B퀵 스파이크(B속공)

B퀵 스파이크는 세터로부터 1~2m 정도 떨어진 거리에서 빠른 평행토스를 속공수가 점프하면서 때린다.

사진 Ⅱ-40. B퀵 스파이크의 위치

Ⅱ. 배구의 기술

사진 Ⅱ-41. B퀵 스파이크의 연결동작

🔸 요령

① 준비자세를 취한다.

② 세터가 토스하기 전에 점프하여 때릴 준비를 한다.

③~④ 손목스냅을 이용하여 스윙을 빠르게 하여 볼을 처리한다.

(3) Back A퀵 스파이크(백A속공)

백A퀵 스파이크는 세터 후방에서 백토스로 A퀵과 같은 정도의 높이로 올려 때리는 속공이다.

사진 Ⅱ-42. 백A퀵 스파이크의 위치

배구, 이렇게 하면 된다

사진 Ⅱ-43. 백A퀵 스파이크의 연결동작

(4) Back B퀵 스파이크(백B속공)

백B퀵 스파이크는 센터 후방에서 백토스로 B킥과 같이 빠른 평행토스를 때리는 속공이다.

사진 Ⅱ-44. 백B퀵 스파이크의 연결동작

II. 배구의 기술

11) 페인트공격

  페인트공격이란 강한 점프와 함께 강타 동작을 보여주었다가 볼을 한 손으로 가볍게 블로커의 뒤나 빈공간에 밀어 넣는 공격방법이다.

  페인트공격을 할 때 중요한 것은 상대 선수가 페인트공격을 전혀 눈치채지 못하게 하는 것이며, 강타를 구사하다가 페인트공격을 했을 때 성공률은 높다. 페인트 공격 시 손가락을 가볍게 펴고 살짝 힘을 줘서 볼을 컨트롤 한다.

> **상대선수를 속여라.**

- 강타 공격과 같이 힘차게 점프한다.
- 공격종류에 따른 상대진영의 빈 공간을 인지한다.
- 팔꿈치를 펴면서 때리려고 하다가 마지막 순간에 손가락을 이용하여 빈 공간에 밀어 넣는다.

12) 스파이크의 연습법

(1) 벽이용 스파이크 연습(미팅 연습 : 강추)

  벽을 이용한 스파이크 연습은 벽을 마주보고 4~5보 정도 떨어져 스파이크 공중 동작과 같이 팔꿈치와 손목스냅을 이용하여 볼을 때린다. 처음에는 볼을 낮게 바운드 시켜 감각을 어느 정도 충분히 익힌 후 볼을 점차 높게 멀리하여 스파이크 연습을 실시한다. 이 방법 또한 익숙해지면 점프하여 타이밍을 맞추면서 미팅연습을 실시한다.

(2) 1대1 스파이크 연습

  두 사람이 한 조가 되어 9m 정도 떨어져 마주 서서, 한 사람이 볼을 높이 던져주면, 다른 한 사람은 제자리에서 점프하여 공격한다. 이때 볼을 던져준 사람은 디그 연습을 실시한다. 이 방법이 숙달되면 도움닫기와 함께 스파이크 할 수 있도록 한다.

배구, 이렇게 하면 된다

(3) 나 홀로 스파이크 연습법(혼자서 스파이크 연습 시 매우 효과적임)

어택라인 근처에 서서 혼자 볼을 높게 올려놓고 스파이크하는 연습법으로 네트에 대한 자신감 및 타이밍, 그리고 볼 처리 능력을 향상시키는데 매우 효과적이다. 이 동작이 익숙해지면 코트 어느 곳이나(난이도를 높여) 볼을 올려놓고 스파이크하여 상대방 코트에 넣는 연습을 실시한다.

(4) 기타 연습법

- <u>스트레이트 코스로 밀어 넣기</u>: 네트와 직각으로 도움닫기 후 점프하여 볼을 스트레이트 코스로 밀어 넣는다. 이 방법이 숙달되면 상대 코트 엔드라인을 보고 스파이크 한다.

- <u>크로스 코스로 밀어 넣기</u>: 네트에 비스듬히 서서 도움닫기 후 점프하여 볼을 크로스로 밀어 넣는다. 이 방법이 숙달되면 점차 강하게 스파이크 한다.

- <u>페인트 플레이의 연습</u>: 페인트 볼을 잡기 위하여 들어오지 않은 후위의 앞을 노린다.
  - 블록 아웃 타법: 블로킹 외측 끝을 보고 바깥쪽 방향으로 볼을 때려 블록 아웃 시킨다.

Ⅱ. 배구의 기술

5 서브(Serve)

서브는 서버가 사이드라인 연장선상과 엔드라인 뒤쪽 어느 위치에서든 볼을 토스하여 네트 넘어 상대 코트로 볼을 때려 보내는 기술로 경기의 시작이면서 공격의 첫 단계이다. 서브를 넣을 때 네트를 건드려도 상대 코트 안으로만 떨어지면 인플레이 되므로 서브의 중요성은 더욱 강조되고 있다.

가장 좋은 서브는 직접 득점을 얻는 것이지만, 불안전한 서브리시브가 되어 상대팀의 공격력을 약화시키는 것도 좋은 서브이다.

서브의 중요한 점은 다음과 같다.

첫째, 서브 실점이 없어야 한다. 랠리 포인트 시스템으로 바뀌면서 서브의 실패는 곧 상대팀에게 득점을 주기 때문이다.

둘째, 목적타 서브를 구사해야 한다. 목적타는 주 공격수(속공수)나 서브 리시브가 불안한 선수에게 넣어야 효과적이며, 최대한 리베로(수비 전담 선수)를 피하여 넣도록 한다. 그러나 정확한 목적 타를 구사하지 못해 약한 볼로 넘어가면 오히려 상대팀에게 찬스를 만들어 주게 되어 자기 팀에게 불리하게 된다.

따라서 서브의 성공 포인트는

- 6명 중 서브 리시브가 약한 선수
- 속공 공격을 하는 선수(리스브 후 속공 공격은 원활히 이루어지지 않는다.)
- 교체선수
- 주공격수
- 세터의 이동지점 등을 염두에 두고 서브를 한다면 효과적이다.

배구, 이렇게 하면 된다

셋째, 강한서브를 구사해야 한다. 강한 스파이크 서브, 변화가 심한 변화구 등 다양한 서브를 구사하여 상대팀이 서브 리시브가 불안하여 세터에게 정확한 패스가 되지 않도록 한다.

1) 언더핸드 서브

언더핸드 서브는 주먹을 쥐어 볼의 아랫부분을 쳐 넘기는 서브로 가장 안전한 서브이다. 6인제에서는 사용하지 않는 서브로 이 서브는 안전하나 약하고 단조로워 반격을 당하기 쉽다. 주로 초보자가 많이 사용하는 서브이다.

사진 Ⅱ-45. 언더핸드 서브의 연결동작

▶▶ 요령

① 한 손에 볼을 올려놓고 다른 한손은 주먹을 쥐어 서브를 넣기 위한 준비자세를 취한다.

② 오른손잡이는 왼발이 앞으로 나가면서

③ 토스하고 주먹을 쥔 손을 몸 뒤로 완전히 빼 때릴 준비를 한다.

④ 팔꿈치를 구부리지 않고 볼을 끝까지 보며 때린다. 이때 상체를 숙이고 있는 것이 중요하다.

⑤ 팔로우 스윙을 한다.

2) 플로터와 플랫서브

플로터와 플랫서브는 남녀 선수들이 주로 많이 사용하는 오버핸드 서브로 구질이 빠르고 전후좌우로 흔들리는 변화가 심해 서브리시브하기가 까다로운 서브기술 중의 하나이다. 볼을 보낼 방향 정면에 서서 왼손으로 토스된 볼을 얼굴 바로 위 앞에서 볼을 때려 볼의 회전이 없이 날아가도록 하는 게 핵심이다. 비교적 간단하면서 배우기가 쉽고, 서브성공률도 비교적 높기 때문에 효과적인 서브 방법이다. 이와 같이 플로터서브와 플랫서브의 차이점은 그리 크지 않지만 이를 구별하여 정리하자면 다음과 같다.

(1) 플로터 서브

플로터서브는 스파이크동작과 유사하게 구사하지만 스파이크와 달리 공을 임팩트할 때 손목을 고정시켜 순간적으로 끊어치는 동작에 의해 공이 임팩트된 후 회전이 없이 네트를 넘어가서 상대코트의 진영에 떨어질 때 좌우로 흔들리거나 갑자기 지면으로 낙하하도록 하여 상대팀의 패스를 불완전하게 하는 것이 목적이다.

플로터 서브의 역학적 원리는 공이 임팩트 되어 전방으로 날아가는 힘과 공기의 저항과 중력의 상호작용으로 공기의 흐름이 공의 주위를 돌아 나갈 때 공의 뒷면에 'air pocket'이 생기게 된다. 공이 일정한 거리를 날아가서 임팩트 시 부여한 힘과 공기의 저항과 중력의 균형이 깨어졌을 때 air pocket의 역학적 영향으로 공이 floating되면서 지면으로 떨어지는 것이다.

이처럼 이 서브의 특징은 서브된 공이 스피드와 파워가 있으면서 공의 흔들림의 극대화되고, 또 서브의 범실을 줄이기 위해서는 적어도 코트의 엔드라인 약 5m 후방에서 서브를 해야 하며 서브된 공의 포물선 최고 높이가 네트를 넘기 전에(공격선과 네트사이) 네트 위 약 2m에서 일어나야만이 공이 코트 밖이나 네트에 닿지 않고 상대코트로 떨어진다는 것이다.

포물선의 최고 높이가 네트 위 약 2m 정도에서 상대팀 코트로 떨어지는 플로트 서브는 공이 좌우로 흔들리는 것보다는 상하로 움직이는 경향이 강해 공 끝이 살아서 위로 뜨거나 또는 갑자기 지면으로 떨어지는 변화를 보이기 때문에 수비수가 패스를

배구, 이렇게 하면 된다

하려고 자세를 결정했을 때 공이 가슴 쪽으로 날아오거나 갑자기 바닥으로 떨어지기 때문에 리시브하기가 매우 어려운 위력적인 서브다.

(2) 플랫서브

플랫서브의 구사방법은 플로터서브와 동일하나 서브를 넣는 지점이 다르다. 플랫서브는 코트의 엔드라인 바로 뒤에서 상대팀 코트의 지정된 장소 또는 특정선수를 겨냥하여 서브를 구사하는 목적타(targer serve)의 일종으로 서브의 방향과 낙하지점에 정확성을 요구하는 서브이다.

위력적인 플랫서브는 임팩트된 공이 네트와 안테나 사이(80cm)를 지면과 거의 평행하게 통과하도록 구사하여야 하며 이렇게 구사된 플랫서브는 상대팀 코트의 약 7m 후방에 떨어지게 된다. 플랫서브를 정확히 구사했을 경우, 위에서도 언급했듯이 플로트서브의 특성으로 인하여 공이 지면에 떨어지기 직전에 공의 끝이 살아서 위로 부상하는 특징이 있다.

플랫서브에 점프를 곁들이면 더욱 날카로운 점프플랫서브가 된다.

때리는 위치(정면)　　때리는 위치(측면)　　토스장면

사진 Ⅱ-46. 플로터와 플랫서브의 손과 볼의 위치

II. 배구의 기술

사진 II-47. 플로터와 플랫서브의 연결동작

≫ 요령

① 네트와 정면으로 자세를 취하고, 왼발의 끝을 서브 넣으려는 방향으로 향하게 한다.

② 왼손으로 토스할 준비를 하고 오른손은 손가락을 붙인 후 살짝 힘을 준 후, 때릴 준비를 한다.

③~⑤ 왼손으로 낮게 토스하여 얼굴 거의 정면에서 짧게 끊어 때린다. 팔꿈치를 펴지 않는다.

플로터 서브와 플랫서브의 차이점

- 플로터 서브 : 엔드라인으로부터 최소 5m 후방
- 플 랫 서브 : 엔드라인 바로 뒤(근접)
- 플로터 서브 : 포물선은 네트 위 약 2m 높이로
- 플 랫 서브 : 포물선은 네트 위 약 80cm 높이로

3) 드라이브 서브

드라이브 서브는 볼을 감아 드라이브를 걸어 회전하여 날아가게 하는 서브이다. 이 서브는 볼이 회전하면서 상대 코트에 떨어지는 것이 특징인데, 볼을 때릴 때 어떻게 감느냐에 따라 볼의 날아가는 방향과 회전방향이 틀려진다.

초보자는 다소 받기 어려우나 실력을 갖춘 선수에게는 받기 쉬운 서브이다. 드라이브 서브에 점프를 곁들이면 스파이크 서브가 된다.

사진 II-48. 드라이브 서브의 연결동작

▶▶ 요령

① 엔드라인을 향하여 평행으로(또는 약간 틀어서) 자세를 취하고 왼손으로 볼을 높게 토스한다.

②~③ 스텝을 이용하여 타이밍을 맞추고 허리와 스냅을 이용하여 볼을 때린다.

④~⑤ 폴로스윙을 하며 자연스럽게 상체를 숙인다.

4) 스파이크 서브

스파이크 서브는 말 그대로 스파이크하듯이 서브를 넣기 때문에 서브 중 가장 성공률이 높은 서브이나 실패확률도 높아 실패확률을 낮추고 성공률을 높이도록 충분한 연습을 하는 것이 중요하다. 랠리 포인트 시스템과 서브된 볼이 네트를 건드리고 넘어가도 인 플레이로 규칙이 개정된 후 스파이크 서브의 비중은 더욱 커졌다.

사진 Ⅱ-49. 스파이크 서브의 연결동작

배구, 이렇게 하면 된다

🔸 요령

① 엔드라인 뒤 3~4m 지점에서 네트를 바라보고 정면으로 선다.

②~⑤ 스파이크 서브하기 좋게 때리는 손을 이용하여 토스한 후 앞으로 2~3보 정도의 도움닫기 후 점프를 실시한다.

⑥~⑦ 공중자세는 오픈 공격과 같이 높이 뛰어올라 가슴을 뒤로 젖히면서 스파이크 하듯이 공을 때린다. 서브를 넣은 후에는 엔드라인을 밟거나 안쪽으로 착지해도 무방하다.

스파이크 서브 실시 전, 생각해라.

- 스파이크 서브 실시 전, 도움닫기를 고려해 엔드라인 뒤쪽에 서서 서브궤도(볼이 날아가는 방향)를 머릿속에 그려본 후 행하는 것이 범실을 줄일 수 있다

5) 서브 연습법

서브의 연습단계를 크게 나누어 보면 1) 각 서브의 바른 폼 2) 정확한 토스 업 3) 타이밍 4) 강서브를 위한 근력 등으로 볼 수 있다. 따라서 좋은 서브를 넣기 위해서는 일정한 폼, 정해진 위치, 바르게 토스된 볼을 항상 일정한 리듬으로 때려 넣는 것이 중요하며, 이 중 한 가지만 바르지 않아도 좋은 서브를 구사하기가 어렵게 된다.

좋은 서브 연습을 위해 다음과 같은 것을 익힌다.

(1) 스윙연습 : 서브 스윙을 반복 연습하여 자기 폼을 만드는 것이 필요하다.

(2) 토스의 반복연습 : 토스의 위치나 높이를 반복 연습하여 자기가 때리기 좋은 토스가 될 수 있도록 연습한다.

II. 배구의 기술

(3) 토스와 스윙의 타이밍 연습 : 좋은 토스와 스윙의 타이밍이 잘 조화되도록 연습한다.

(4) 전력 서브 : 토스, 폼, 타이밍이 잘 조화되어 강한 서브가 될 수 있게 연습한다.

(5) 컨트롤 연습 : 목적한 지점에 서브를 보낼 수 있도록 연습한다.

(6) 스트레이트 히트 : 상대 코트 일직선상에 있는 리시버에게 정확히 들어가도록 서브를 연습한다.

(7) 크로스 히트 : 상대 코트 대각선의 코스로 정확히 들어가도록 서브를 연습한다.

(8) 얕은 서브 연습 : 상대 코트 네트 가까이 떨어지게 서브를 연습한다.

(9) 깊은 서브 연습 : 상대 코트 엔드라인 부근에 떨어지게 서브를 연습한다.

(10) 서브 스피드 변화 연습 : 코스나 상대 코트의 깊이의 변화와 함께 의도적으로 구질을 바꿔 가면서 서브 연습한다.

배구, 이렇게 하면 된다

6 리시브(Receive)와 디그(Dig)

리시브란 상대방 코트에서 넘어온 볼을 잘 받아서 세터에게 보내는 것을 의미한다. 리시브 성공률이 높을수록 공격성공률은 높아진다. 좋은 리시브를 하기 위해서는 볼의 코스를 빠르게 리딩하고 발을 신속히 움직여 몸 정면에서 볼을 받아내는 것이 중요하다. 공격의 속도는 남자가 초속 30m, 여자는 20m 정도가 되는데 사람이 어떤 행동에 나타나는 반응시간은 가장 빠른 사람이 0.25초, 일반적인 운동선수 0.3초, 일반인은 0.4 초가 걸린다. 이런 반응시간으로 빠른 속도로 날아오는 볼에 대하여 리시브하기란 그리 쉽지 않다. 상대가 볼을 때리는 것을 보고 리시브 동작을 취하게 되면 이미 늦게 되므로, 상대가 때린 볼을 순간적으로 예측하여 반응하지 않으면 리시브가 어렵게 된다. 리시브 시 팔과 볼의 각도에 대한 이해를 다음 그림을 통해 쉽게 이해할 수 있다.

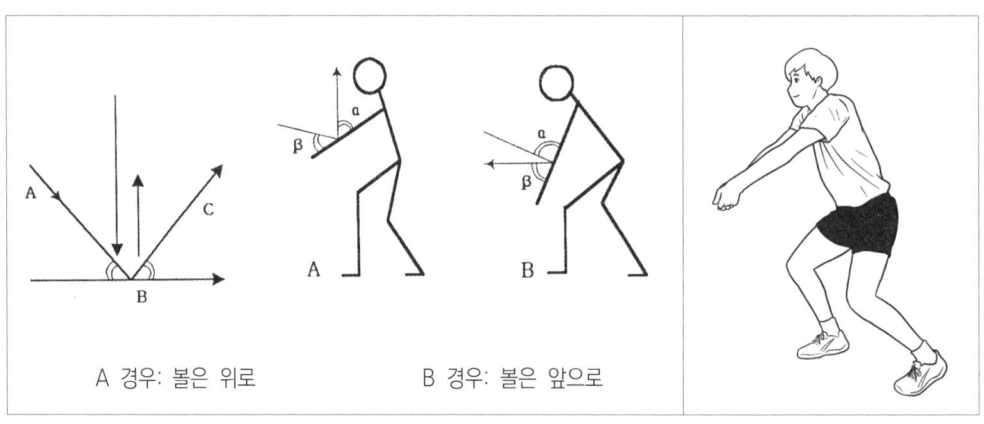

그림 II-5. 볼의 입사각과 반사각　　　사진 II-50. 리시브 자세

Ⅱ. 배구의 기술

숙련된 리시브를 위하여 다음 단계를 익히는 것이 중요하다.

① 볼의 코스를 예측할 수 있는 리딩력을 익힌다(볼의 위치, 블로킹의 위치, 공격수의 공격성향 등).
② 리딩 후 볼의 낙하지점으로 재빠르게 움직여 기본자세를 취한다.
③ 안정성을 확보한 후 볼을 컨트롤 할 준비를 한다.
④ 볼과의 접촉과 동시에 세터의 이마를 보고 밀어주거나 토스를 할 수 있도록 올려준다.

리딩은 여러 가지 요인에 의하여 예측이 가능하다. 먼저 볼의 방향, 높이, 네트와의 거리, 둘째 상대 공격수의 도움닫기 코스, 폼, 공격성향, 셋째 블로킹의 위치, 블로킹의 높이 및 손 모양, 넷째 게임의 흐름과 템포 등 종합적으로 평가하여 움직인다.

사진 Ⅱ-51. 리시브 자세(이동)

1) 서브 리시브

서브 리시브는 서브의 종류에 따라 준비자세가 조금씩 달라질 수 있다. 만약에 스파이크 서브일 경우는 서브 전 서브리시브의 자세를 낮추고 볼의 낙하지점으로 신속히 이동하여 볼의 반발력을 떨어트리면서 세터를 보고 밀어줘야 하지만, 플랫서브일 경우 볼의 낙하지점으로 신속히 이동하여 안정성을 확보하고 볼의 변화가 일어나기 전 약간 가슴 앞쪽에서 볼과 접촉하여 세터를 보고 밀어줘야 한다. 만약 볼을 아래까지

끌고 내려올 경우 그만큼 볼의 변화가 일어날 수 있기 때문에 볼의 변화가 일어나기 전 볼과 접촉하여 세터에게 보내는 것이 중요하다.

사진 II-52. 서브 리시브 연결동작

≫ 요령

① 수비기본자세를 취하고 서버의 서브 폼을 읽고 움직일 준비를 한다.

② 서브코스를 빨리 예측하여 낙하지점으로 이동하고 안정된 수비준비 자세를 취한다.

③ 양팔을 완전히 편 상태에서 볼과 정확히 접촉한다.

④ 세터의 이마를 보고 밀어준다.

서브 리시브를 이렇게

- 〈강한 스파이크 서브〉일 경우 팔은 쭉 편 상태에서 힘을 빼 볼의 반발력을 떨어트려 세터에게 보내는 것이 중요하다.
- 〈플랫 또는 플로터 서브〉일 경우 볼의 변화가 일어나기 전 가슴 앞쪽에서 팔을 쭉 펴, 볼과 접촉하여 세터에게 보내는 것이 중요하다. 특히 볼의 코스를 리딩하고 한번에 볼과 접촉하는 것이 중요하다. 만약 손을 편 상태에서 볼의 변화에 따라 손을 움직이게 되면 보내고자 하는 방향으로 볼을 보내기가 상당히 어렵게 된다.

II. 배구의 기술

2) 디그

　스파이크의 속도는 남자가 초속 30m, 여자는 20m 정도가 되는데 사람이 어떤 행동에 나타나는 반응시간은 가장 빠른 사람이 0.25초, 일반적인 운동선수 0.3초, 일반인은 0.4초가 걸린다. 이런 반응시간으로 빠른 속도로 날아오는 볼에 대하여 디그하기란 그리 쉽지 않다. 상대가 볼을 때리는 것을 보고 디그동작을 취하게 되면 이미 늦게 되므로, 상대가 때린 볼을 순간적으로 예측하여 반응하지 않으면 디그를 하기 어렵게 된다. 디그의 자세는 낮게 하여 무게중심을 낮추는 것이 중요하며, 양발의 폭도 어깨보다 훨씬 더 벌려 안정성을 확보해야 한다.

사진 II-53. 공격 리시브(디그) 연결동작

≫ 요령

① 수비기본자세를 취한 후, 블로킹 사이드(또는 블로킹 사이) 바깥쪽으로 나와 볼과 일직선이 되도록 선다. 이때 몸의 정면으로 볼을 마주보아야 한다.

② 공이 날아올 경우 팔을 쭉 편 상태에서 힘을 빼고 댄다. 이때 입사각과 반사각을 잘 이용한다.

③ 이후 공격 커버에 들어간다.

리시브(디그)의 핵심은 볼과 정면으로 마주보는 것이다.

- 볼의 위치와 블로킹 그리고 공격수의 폼을 보고 볼이 지나가는 가상의 선을 그어 수비수의 가슴과 일직선이 되도록 해야 한다.
- 디그를 잘하기 위해서는 최소 2개의 볼 코스를 머리에 두고 준비해야 한다(뛰어난 선수는 최소 2~3개 이상을 머리에 두고 수비준비를 한다).

3) 슬라이딩·플라잉 리시브

슬라이딩과 플라잉 리시브는 거의 비슷한 리시브 방법으로서 리시브할 수 있는 위치보다 더 앞에 볼이 떨어져 그대로 리시브하기가 어려울 때 몸을 날려 볼을 손에 맞춰 띄우는데 있다. 〈슬라이딩〉은 여자 선수들이 많이 이용하는 방법으로서 체중을 앞발에 두고 나와 있는 다리의 무릎, 손등, 팔꿈치, 허벅지, 배의 순서로 미끄러지듯이 신체를 슬라이드 시키는 것이며, 〈플라잉〉은 무게중심을 앞에다 두고 허리를 숙인 상태에서 한발을 최대한 뻗어 볼을 띄운 후, 두 손, 가슴의 순서로 미끄러지듯이 앞으로 나가는 방법을 말한다.

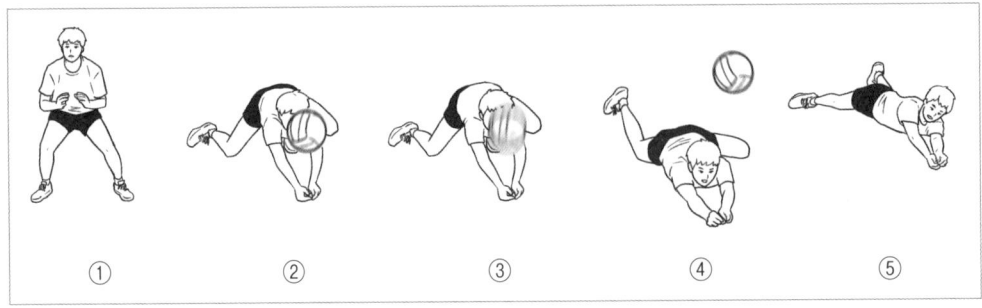

사진 II-54. 슬라이딩 리시브 연결동작

》 요령

① 수비기본자세를 취한다.

② 아주 낮은 각도로 짧게 볼이 떨어질 때 두발 중 나와 있는 다리의 무릎을 바닥에 댄다.

③ 떨어지는 볼을 끝까지 쳐다보고 손등, 팔꿈치 순으로 미끄러지며 볼과 접촉한다.

④~⑤ 이때 잡은 양손의 엄지를 약간 위로 올린다는 느낌으로 쭉 미끄러진다.

슬라이딩 리시브는 이렇게

- 볼의 낙하지점이 몸 앞쪽으로 떨어져 정상적인 자세로는 리시브하기가 어려울때 사용한다.
- 수비자세를 최대한 낮추고 무릎, 손등, 팔꿈치, 허벅지 배의 순서로 미끄러진다.

》 플라잉 리시브 요령

① 수비기본자세를 취한 후 볼의 낙하지점으로 신속히 움직인다.

② 타이밍을 고려하여 마지막 스텝을 길게 뻗은 후 리시브할 준비를 한다.

③~④ 리시브 후 양손을 바닥에 대면서 가슴, 배, 다리 순으로 미끄러진다.

초보자는 매트 또는 분습법을 이용하여 연습해라.

- 자세를 낮추고 마지막 발을 길게 뻗은 후 리시브를 한 후, 두 손을 바닥에 대고 가슴부터 미끄러진다.

배구, 이렇게 하면 된다

사진 II-55. 플라잉 리시브 연결동작

4) 회전 리시브(롤링)

회전 리시브는 좌우로 떨어진 볼을 잡는데 사용되는 기술이다. 플라잉 및 회전 리시브는 초보자에게는 심리적뿐만 아니라 기술적으로 어려움이 따르기 때문에 단계적으로 연습을 충분히 실시한 후에 행할 필요가 있다.

회전 리시브는 먼저 날아오는 쪽의 마지막 발을 길게 쭉 뻗고 머리와 몸이 자연스럽게 그쪽 방향으로 이동하면서 볼과 접촉 후 손등, 팔꿈치, 옆구리, 골반, 허벅지, 엉덩이의 순으로 바닥에 접촉하면서 다리를 양팔 사이로 넘기면서 다음 준비자세로 돌아가는 기술이다.

II. 배구의 기술

사진 II-56. 회전 리시브(롤링) 연결동작

▶▶ 요령

① 수비기본자세를 취한 후 볼의 낙하지점으로 신속히 움직인다.

② 타이밍을 고려하여 마지막 스텝을 길게 뻗은 후 무릎과 대퇴의 바깥쪽, 히프의 옆면이 바닥에 닿으면서 리시브를 한다.

③ 양팔을 벌린 상태에서 두발을 머리 위로 넘긴다.

④ 다시 수비기본자세로 돌아간다.

초보자는 매트 또는 분습법을 이용하여 연습해라.

- 양팔의 볼 컨택지점을 코트 안쪽으로 돌리면서 볼과 접촉한다.

5) 반회전 리시브(반롤링)

사진 Ⅱ-57. 반회전 리시브(반 롤링) 연결동작

▶ 요령

① 수비기본자세에서 스텝을 이용하여 마지막 발을 길게 내딛는다.

② 볼의 컨택지점을 코트 안쪽으로 돌려 볼과 접촉하면서 띄운다.

③~④ 오른쪽(또는 왼쪽) 엉덩이를 바닥에 대면서 자연스럽게 천장을 보며 눕는다.

Ⅱ. 배구의 기술

6) 리시브 연습법

리시브의 핵심은 앞에서 살펴본 바와 같이 서브, 스파이크, 페인트 등 상대팀으로부터 강한 볼이든 약한 볼이든 간에 넘어온 볼을 어떻게든 받아서 세터에게 정확히 보내는가가 관점인 것이다. 리시브는 초보단계인 몸 정면에서 받기, 전후좌우 이동한 리시브 등을 통하여 몸에 익히는 것이 중요하다. 리시브 자세가 바르지 못한 초보자에게 강한 볼을 때려 리시브하게 한다면 볼을 받기보다는 몸을 피하려고 하기 때문에 약한 볼을 때려 단계적으로 익히게 하는 것이 효과적이다.

- 정면 볼 리시브 : 빠르게 볼 밑으로 들어가 전상방에 토스, 다음에 좌우상방에 토스한다.
- 좌우이동의 정면커트 : 리시버는 공격에 정면으로 서서 볼을 커트한다.
- 연속 좌우이동 정면커트 : 움직임의 요소를 충분히 활용하여 1인당 연속 10번씩 볼을 몸의 정면에서 공격에 정대하여 커트한다.
- 좌우이동 몸의 외측에서 커트 : 몸의 약간 외측에서 언더핸드로 커트한다. 옆으로 커트하지 말고 반드시 비스듬하게 앞에서 한다.
- 전진하여 몸 전방에서의 커트 : 앞으로 구부린 자세에서 위로 커트한다.
- 페인트 볼의 싱글핸드 리시브 : 싱글핸드로 볼을 위로 올린다. 몸이 위로 향했을 때 볼이 맞게 된다.
- 좌측 이동 연속 리시브 : 코너에서 스타트하여 중앙부근에서 리시브하고 원 위치로 되돌아간다.
- 전후진 리시브 : 코너에서 전진하여 리시브하고 코너로 후퇴하였다가 다시 전진하여 리시브한다.
- 강타 페인트 앞으로 이동 리시브 : 코너에서 나오면서 강타를 리시브하고 이어 페인트를 리시브한다.
- 연속 벽 리시브 : 벽을 향해 3~4m 떨어져 리시브자세를 취하고 벽으로부터 튀어 나오는 볼을 리시브한다.

스마트 배구 아카데미 / 83

배구, 이렇게 하면 된다

7 블로킹(Blocking)

블로킹이란 네트 근처에서 점프하여 상대 공격을 차단하는 기술로서 동경 올림픽 이후 규칙 개정으로 서브나 공격에 의한 득점과 더불어 블로킹에 의한 득점의 비율이 높아졌다. 블로킹이 없으면 누구나 자유자재로 공격하여 득점을 쉽게 얻을 수 있기 때문에 현대 배구에서는 중요한 득점기술 중의 하나가 되었다.

블로킹은 1인, 2인, 3인이 행할 수 있으나 전위에 위치한 3명만이 가능하며, 후위에 위치한 3명과 리베로는 블로킹에 가담할 수 없다.

블로킹을 잘하기 위한 조건은 블로킹의 높이, 타이밍, 코스의 리딩, 체공력, 손모양 등이며, 이러한 능력을 갖춤으로써 블로킹 성공률은 높아진다.

1인 블로킹　　　　　2인 블로킹　　　　　3인 블로킹

사진 II-58. 블로킹

II. 배구의 기술

먼저 〈블로킹의 높이〉는 선수의 신장과 점프력, 팔의 길이 등에 의하여 결정되는데, 상대의 스파이크 된 볼의 높이는 선수의 타점, 네트 높이, 경기내용에 따라 차이는 있으나 평균 네트 위 20~30cm 정도로 들어온다. 따라서 블로커는 상대 공격수의 타점이나 네트에서 볼의 통과점을 고려하여 블로킹해야 한다.

둘째 〈타이밍〉은 공격수의 신체적 조건 및 능력(성향), 그리고 스파이크 종류에 따라 다른데 퀵 스파이크는 속공수와 거의 같이 점프하여 기다려야 하고, 오픈 스파이크는 조금 늦게 뜬다는 기분으로 점프해야 한다.

셋째 〈코스의 리딩〉은 상대편 스파이크 코스를 예측하여야 하므로 이는 공격수의 공격성향(모션, 볼의 위치 등)을 빨리 알아야 한다.

넷째 〈체공력〉은 점프하여 공중에서 많이 머무르는 능력을 말하는데 점프력과 관계가 깊다. 체공력이 좋으면 그만큼 블로킹의 범위가 넓어질 수 있다.

1) 블로킹 자세와 위치

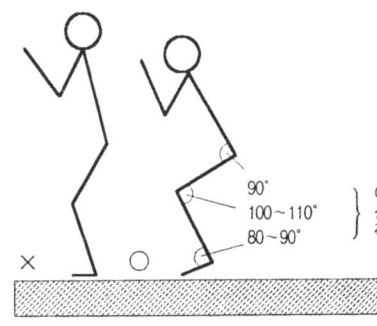

그림 II-6. 블로킹 준비자세

올바른 블로킹의 자세와 정확한 위치 선정은 블로킹에 의한 득점을 올릴 수가 있거나, 득점을 올릴 수가 없다 해도 상대편의 공격력을 위축시킨다는 장점이 있다.

블로킹하기 전 블로커는 네트에 너무 붙지 말고 네트로부터 약 50cm 정도 떨어져 그림과 같이 상대 공격수와 세터의 움직임을 주시하고, 센터(전위 중위)는 코트의 중앙과 양 사이드로 이동하여 블로킹하며, 전위 왼쪽과 오른쪽 블로커는 사이드라인으로부터 20cm 안에 위치하여 준비한다. 상대가 공격을 시도하면 블로커는 높은 점프와 동시에 공격수의 폼이나 토스의 구질을 판단하여 점프 최고점에서 스파이크 코스로 손을 내밀어 차단한다. 블로킹의 위치는 세터의 토스와 공격수의 코스 리딩으로 예측한다. 세터가 속공을 시도하려면 속공을 대비하고, 오픈 토스가 올라가면 재빨리 위치를 이동하여 오픈에 대비하는 위치 선정이 중요하다.

배구, 이렇게 하면 된다

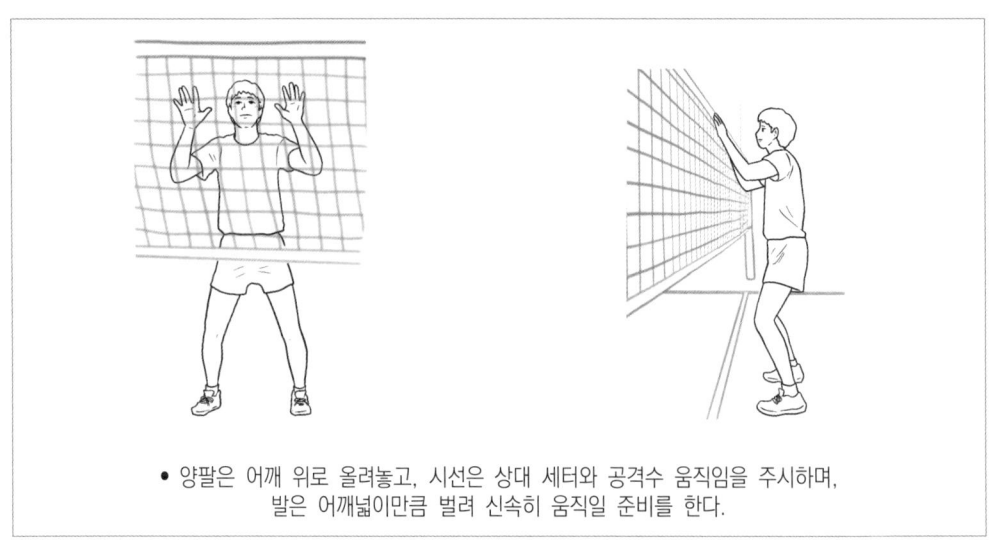

- 양팔은 어깨 위로 올려놓고, 시선은 상대 세터와 공격수 움직임을 주시하며, 발은 어깨넓이만큼 벌려 신속히 움직일 준비를 한다.

사진 II-59. 블로킹 준비자세

2) 1인 블로킹

1인 블로킹은 상대 공격을 한 사람이 블로킹하여 차단하는 동작을 말한다. 1인 블로킹으로 공격을 차단하기란 쉬운 일이 아니므로 세터의 토스와 공격수의 도움닫기 폼, 코스 등을 예측하여, 양손을 어깨 넓이만큼 벌려 블로킹해야 한다. 차단할 욕심으로 양손을 좁히면 오히려 실패할 확률이 높다.

사진 II-60. 1인 블로킹

Ⅱ. 배구의 기술

≫ 요령

① 팔은 얼굴 높이만큼 들고, 발을 자연스럽게 벌린 상태에서 무릎을 굽혀 언제든지 점프할 수 있도록 준비한다.

② 세터의 토스 종류에 따라 위치를 선정하고, 타이밍에 맞춰 점프를 한다.

③ 점프와 동시에 가슴을 들고 배를 넣어 네트너머로 완전히 손이 들어갈 수 있도록 한다.

- 블로커와 네트 사이의 공간이 큼.
- 손목이 네트너머로 들어가 있지 않음.

사진 Ⅱ-61. 잘못된 자세

블로킹을 이렇게 해라.

- 양팔을 얼굴 높이로 올려 속공을 우선 견제해야 한다.
- 속공을 잡기 위해서는 속공수와 같이 점프해야 한다.
- 타점이 높은 공격수에게는 타이밍을 좀 늦게하여 블로킹에 가담하는 것이 좋다.

배구, 이렇게 하면 된다

3) 2·3인 블로킹

2인 또는 3인 블로킹은 2~3인이 호흡과 타이밍을 맞추어 조화를 이루어 상대 공격을 막는 블로킹을 말한다. 2~3인의 블로킹은 1인 블로킹보다 훨씬 효과적이며 성공률도 높은데 반하여 호흡을 맞추기가 어렵다. 따라서 사이드블로커가 블로킹의 축이 되어, 점프의 위치나 타이밍을 리드하여야 한다. 1인 블로킹과는 다르게 그룹을 형성하여 블로킹을 하기 때문에 2~3인이 동시에 점프를 하고, 동시에 손을 네트 너머로 넘기는 동작은 많은 연습을 행하지 않으면 안된다.

사진 II-62. 2인 블로킹

사진 II-63. 3인 블로킹

II. 배구의 기술

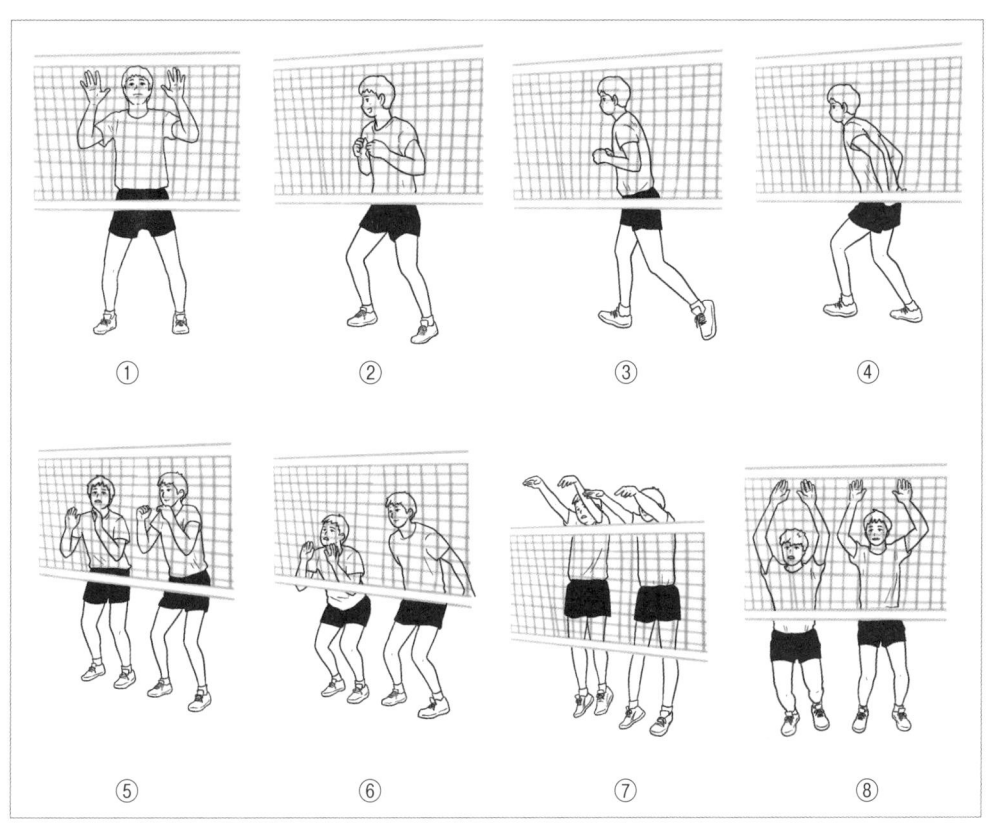

사진 II-64. 블로커 움직임 연결동작

≫ 요령

① 네트에 근접하여 2~3인의 블로커가 자기 포지션에 따라 위치를 선정하여 준비 자세를 취한다.

②~③ 센터블로커가 오른쪽으로 이동 시, 센터 블로커는 토스된 볼을 주시하며, 오른발을 먼저 내딛고(반대 방향 시 반대로),

④ 그 다음은 왼발을 내딛고,

⑤ 오른발을 내딛는 동시에 왼발을 내딛어 점프할 준비를 한다. 이때 센터 블로커의 양팔은 팔꿈치를 구부려 힘껏 차올릴 준비를 한다.

배구, 이렇게 하면 된다

⑥ 사이드 블로커와 타이밍을 맞추며 블로킹을 실시한다. 이때 사이드 블로커와 센터블로커 사이의 공간을 주지 않아 볼이 빠지지 않도록 하는 것이 중요하다.
⑦ 네트 너머로 손목을 꺾고 팔을 넘겨 공격수의 스파이크 각도를 최대한 줄인다.
⑧ 사이드 블로커와 충돌하지 않도록 착지한다.

블로킹시 주의사항

- 옆으로 이동하는 블로커는 점프를 하였을 때 몸이 옆으로 흐르지 않도록 주의, 이동 블로킹의 스텝(사이드 스텝 - 이동 거리가 짧을 때, 크로스 스텝 - 먼거리 이동 시, 런닝 스텝-보다 긴 거리를 이동할 때)
- 블로킹 시 턱을 당기고 시선은 공격수와 볼을 주시해야 한다.

4) 블로킹의 연습법

블로킹 연습을 위해서는 도움닫기 방법, 손을 내미는 타이밍, 코스의 리딩 등을 충분히 연습을 한다.

먼저 양팔의 자세는 어깨넓이 만큼 벌리고 손가락을 펴 살짝 힘을 주어 손목을 약간 집어넣는다. 상대 스파이크의 타이밍에 맞춰 손목을 네트 너머로 굽혀 누르는 연습을 한다.

또한 블로킹의 풋워크는 사이드 스텝, 크로스 스텝 등을 이용하여 가까운 거리와 먼 거리를 파악하여 유효적절하게 사용한다.

- 두 사람이 마주 보고 블로킹 : 한 사람은 때리고, 블로커는 공격수 몸의 방향과 폼으로 코스를 읽는다. 위치 선정과 손을 넘기는 방법 그리고 타이밍을 익힌다.

II. 배구의 기술

- 1대 2 블로킹 : 1인은 공격수, 2인은 이동하면서 블로킹한다. 공격수에 가까운 사람이 블로킹의 위치를 정하여 볼이 빠져나가지 않게 한다.
- 직상 블로킹 : 어택 라인에서 앞으로 나아가 블로킹한다.
- 좌우이동 블로킹 : 이동하였을 때 몸이 흐른다거나 외측을 향하지 않도록 한다.
- 벽 이용 블로킹 : 실제 블로킹을 하듯이 점프하여 손가락에 힘을 주고 첫째마디를 이용하여 벽을 지긋이 민다.

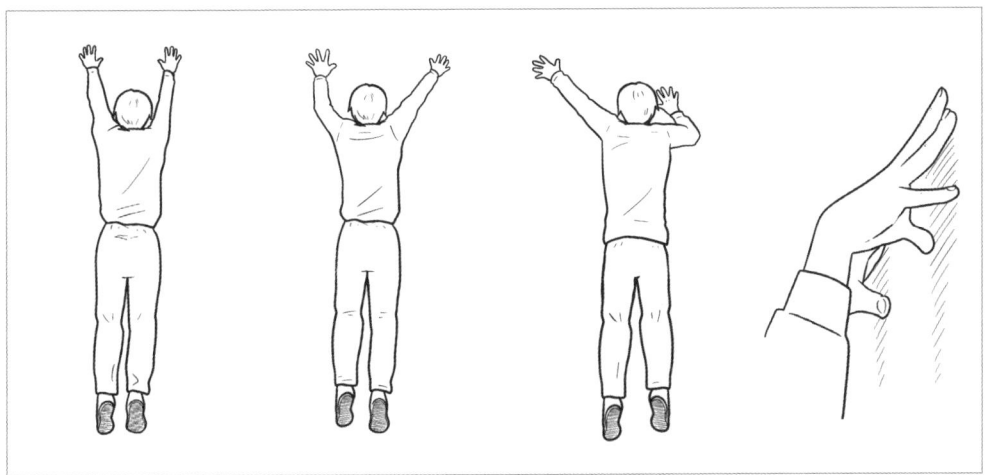

Ⅲ. 팀플레이

III. 팀플레이

1 선수의 역할과 위치

　배구경기는 한명의 우수선수에 의하여 승패가 좌우되는 것이 아니라 선수 개개인의 탁월한 기술들이 합쳐진, 팀플레이의 조화로 결정된다. 따라서 선수 개인의 기술과 특성에 따라 역할을 주고, 위치를 배치하는 것이 무엇보다 중요하다. 선수의 역할과 위치는 세터, 주공격수, 보조공격수, 센터공격수(중앙공격)로 크게 나누어 볼 수 있다. 우선 야구경기에서 투수의 역할이 절대적이듯이, 배구경기에서 세터의 역할은 경기의 흐름을 좌우할 정도로 중요하다. 배구경기는 세터를 거쳐 볼이 공급되므로 세터의 역량에 따라 공격력이 살아난다. 따라서 세터가 가져야 할 역량은 정확한 토스워크이다. 컨트롤이 좋은 토스는 공격수의 성공률이 높아지고 자신감 있는 공격을 펼칠 수 있게 한다. 2~3인의 공격수가 있을 때 누구한테 볼을 띄워주는 것이 득점력을 높일 수 있는 지를 판단하여 토스해야 한다.

　둘째 주공격수는 야구에서 4번 타자와 같이 팀에 믿음을 주고 위기 때마다 해결사 역할을 해야 한다. 주공격수는 좌측(최근에는 우측)에 주로 위치하여 오픈 공격을 많이 하고 높이와 힘, 그리고 기량이 겸비된 선수를 배치한다. 최근 들어 주공격수를 우측에 배치시켜 후위에 위치했을 때 후위공격(백어텍)을 적극 사용하기도 한다.

　셋째 보조공격수는 서브 어택커라고도 하며, 주도적인 공격보다는 주로 주공격수의 보조나 서브리시브의 역할을 많이 한다. 보조공격수는 주로 우측에 위치하여 백 오픈 공격을 많이 하고 있으며, 상대팀의 주공격수와 마주보고 있어 블로커로서의 중요한 역할도 담당하고 있다. 따라서 보조공격수는 공격의 보조, 세터의 보조역할과 함께 주로 서브리시브를 담당하는 역할이 크기 때문에 기본기가 좋아야 한다.

　넷째 센터공격수는 주공격수와 함께 공격의 다양한 플레이를 유도하는 중앙공격수로서 주로 속공 플레이인 앞A, 앞B, 백A, 백B 퀵 스파이크를 담당하고, 상대팀의 공격을 차단하는 블로커의 중요한 역할을 수행한다. 랠리 포인트 시스템으로 인하여 블로킹으로 인한 연속득점이 커졌기 때문에 서브와 더불어 팀 승리에 결정적인 영향을 미친다.

배구, 이렇게 하면 된다

센터공격수는 빠른 플레이와 블로킹을 주도하므로 신장이 크고, 민첩해야 한다.

　다섯째 수비 전문선수인 리베로는 수비력 강화를 위해 만들어진 포지션이다. 리베로는 반드시 후위에만 위치하는 포지션으로 후위에 위치한 선수와 횟수 제한없이 교대할 수 있다. 후위에서만 활동할 수 있는 리베로는 수비능력이 떨어지는 센터공격수를 대신해서 리시브나 디그만을 전문적으로 하고 서브나 공격은 할 수 없다.

III. 팀플레이

2 포메이션

1) 기본 포메이션

배구경기는 코트에 6명이 경기에 참가한다. 개개인의 신체적 조건과 기술을 토대로 전위 3명과 후위 3명을 배치하는 것이 기본 포메이션이다. 배구경기는 로테이션 즉 한 자리에 계속 위치하는 것이 아니라 시계방향으로 서브권을 주고받을 때마다 한 칸씩 돌아가게 된다. 매 세트마다 상대 세터의 위치, 주공격수의 위치, 중앙공격수 등의 위치를 고려하여 자기 팀에게 가장 유리한 포메이션을 구성하는 것이 승리는 거두는데 유리하다.

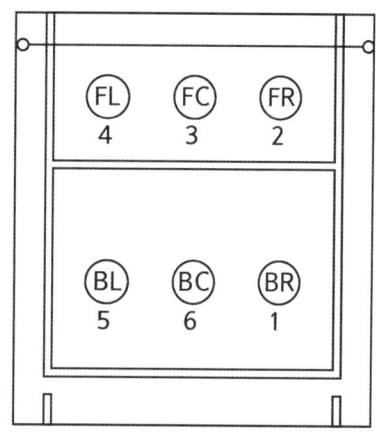

그림 III-1. 기본 포메이션

따라서 기본 포메이션은 그림에서 보는 바와 같이 전위 좌측(4), 중앙(3), 우측(2)의 3명과 후 위 좌측(5), 중앙(6), 우측(1)의 3명을 배치하여 로테이션 할 때마다 시계방향으로 한 자리씩 이동하게 된다.

로테이션은 리시빙팀(수비팀)이 득점했을 때 서브권을 얻은 팀만 한다. 공격권을 뺏긴 팀 선수들의 위치는 그대로이다. 로테이션 방향은 시계방향이다. 예컨대 오른쪽 코트 앞줄 왼쪽부터 4프런트레프트 3프런트센터 2프런트라이트가 서 있다가 공격권을 따내면 오른쪽으로 한칸씩 이동하게 된다〈그림 1 참조〉. 그래서 앞줄은 왼쪽부터 5→4→3순으로 위치하게 되고 앞줄에서 뒤로 밀려간 2는 뒷줄 오른쪽(원래 1자리)이 서버의 자리이기 때문에 서브를 하게 된다. 이를 뒤집어서 얘기하면 서브 순서는 1백 라이트→2프런트라이트→3프런트센터→4프런트레프트→5백레프트→6백센터 순이다. 여기서 말하는 라이트, 센터, 레프트는 배구에서 말하는 포지션이 아니라 세트를 시작할 때 코트 전·후위에 포진한 단순 위치를 가리킨다. 통상 경기 중 부르는 실제 포지션 이름은 다르며 현대배구에서는 대개 한 경기에 레프트 2명, 센터 2명, 라이트 1명, 세터 1명을 투입한다.

스타팅 라인업에 따라 달라질 수 있는 로테이션

감독은 각 세트 개시 전 라인업 시트에 6명의 스타팅 멤버를 기입하여 부심이나 기록원에게 제출하는데 이게 바로 로테이션 및 서브 순서가 된다. 매 세트마다 라인업을 달리할 수 있기 때문에 경기상황에 따라 사령탑의 치열한 오더싸움이 벌어질 수밖에 없다.

2) 서브 리시브 포메이션

서브 리시브는 공격의 시작이면서 실패할 경우에는 실점을 하게 되므로 6명의 역할과 특성을 잘 분석하여 위치를 정하고 팀 구성을 위한 플레이를 하면 효과적인 것이다. 서브 리시브의 대표적인 포메이션은 1·5 시스템과 0·6시스템이 있는데 이것을 살펴보면 다음과 같다.

(1) 1·5 시스템

이 포메이션은 리시브하기에 가장 안정성이 높고 용이하여 많이 사용하는 배치방법이다.

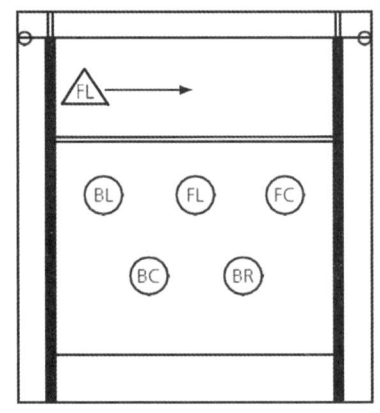

(상대팀이 서브 넣은 직후 중앙 쪽으로 이동하여 토스한다)

그림 Ⅲ-2. 세터가 좌측에 위치한 경우

전위 1인(세터)이 네트 부근에 위치하고 남은 5명은 W형의 포메이션을 만들어 서브 리시브하기에 가장 좋은 위치인 중앙에 배치하는 방법이다.

III. 팀플레이

 이 시스템의 장점은 전위에 좌측(중앙 쪽으로 이동), 중앙, 우측에 세터가 위치하고 있고, 남은 5명이 W형으로 리시브하기가 쉽다. 또한 전위에 세터가 위치하고 있어 리시브가 불안정하여도 토스하기가 용이하다.

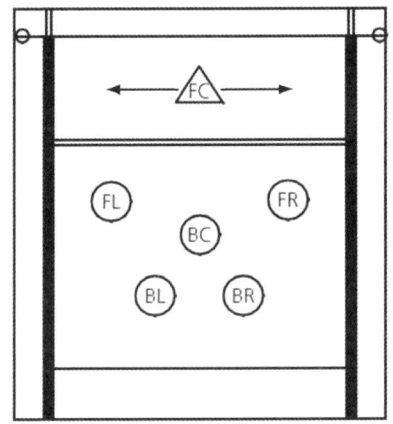

그림 III-3. 세터가 중앙에 위치한 경우

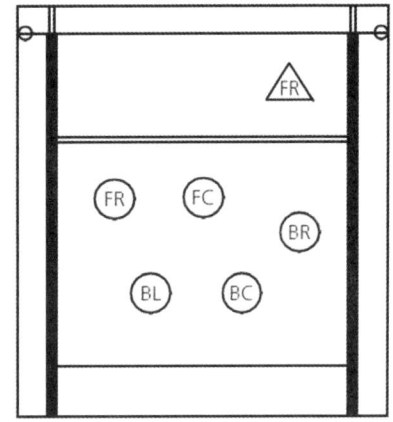

그림 III-3. 세터가 우측에 위치한 경우

(2) 0·6시스템

 이 포메이션은 전위 3명이 공격수가 되고 후위 3명 중 1명이 세터가 되어 토스를 하기 위하여 런닝 세터로서 상대 팀이 서브를 넣은 직후에 전위 네트 부근으로 재빨리 뛰어 들어가 토스를 한다. 이때 런닝 세터는 위치에 따라 다르나 후위 좌측, 후위 중앙, 후위 우측에 위치하는 방법이다. 이 시스템의 장점은 전위에 3명이 있어 다양한 공격을 할 수 있다.

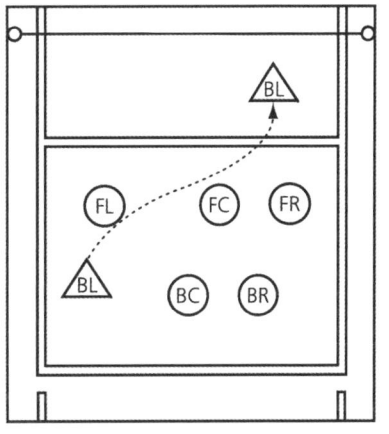

(서브 직후 세터는 FL 뒤에 위치하고 재빨리 네트 부근으로 이동하여 토스 할 준비를 하고 나머지 선수가 리시브와 공격에 가담한다.)

그림 III-4. 세터가 후위 좌측에 위치한 경우

배구, 이렇게 하면 된다

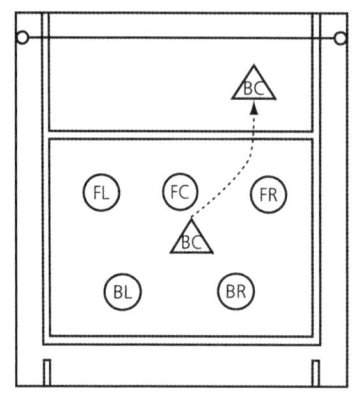 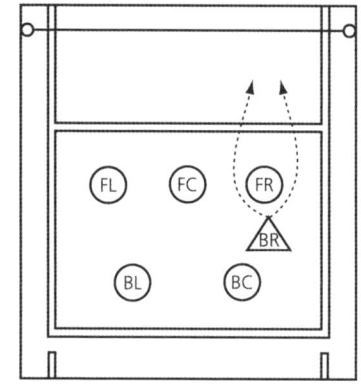

(서브 직후 세터는 FC 옆에 위치하고 재빨리 네트 부근으로 이동하여 토스할 준비를 하고 나머지 선수는 리시브와 공격에 가담한다.)

(서브 직후 세터는 FR 뒤에 위치하고 재빨리 네트 부근으로 이동하여 토스할 준비를 하고 나머지 선수는 리시브와 공격에 가담한다.)

그림 Ⅲ-5. 세터가 후위 중앙에 위치한 경우   그림 Ⅲ-6. 세터가 후위 우측에 위치한 경우

(3) 1·5 시스템과 0·6시스템의 혼합 포메이션

이 포메이션은 전위 1인이 네트 부근에 위치하고, 후위 3명 중 1명이 세터가 되어 토스를 하기 위하여 러닝 세터로서 상대팀이 서브를 넣은 직후에 전위 네트 부근으로

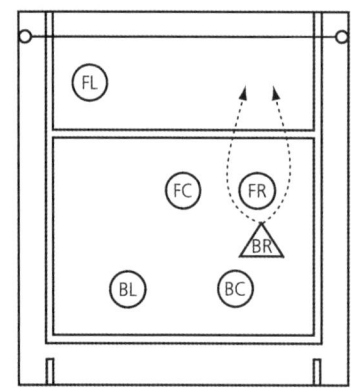 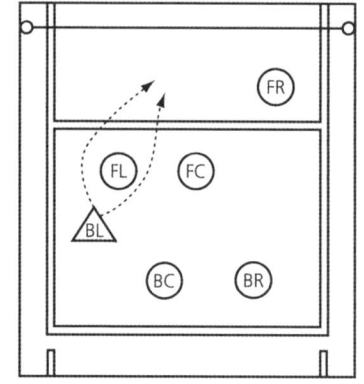

(FL이 전위로 나와 있고, FR 뒤에 있는 BR인 러닝 세터가 전위로 뛰어나와 토스하는 형임)

(FR이 전위로 나와 있고, FL 뒤에 있는 BL인 러닝 세터가 전위로 뛰어나와 토스하는 형임)

그림 Ⅲ-7. 1·5와 0·6의 혼합 포메이션

III. 팀플레이

뛰어나가 토스를 하는 혼합형이다. 이 시스템은 전위에 1인이 먼저 나와 있고 런닝 세터가 뛰어나오므로 불안정한 서브 리시브를 커버할 수 있다. 또한 더블 세터를 쓸 경우 리시브를 하여 유리한 곳으로 보낼 수도 있다.

3) 디그 포메이션

디그 포메이션은 6명의 선수가 역할을 블로커, 페인트 커버, 리시버 등으로 분담하여야 한다. 전위에 위치한 블로커가 위치선정과 좋은 기술을 갖고 있으면 페인트 커버나 리시브를 하는데 어려움이 적으나 그렇지 못할 경우에는 리시브 하기가 어려워진다.

디그 포메이션은 그림과 같이 좌측, 중앙, 우측에 따라 위치가 다른 것을 볼 수 있다.

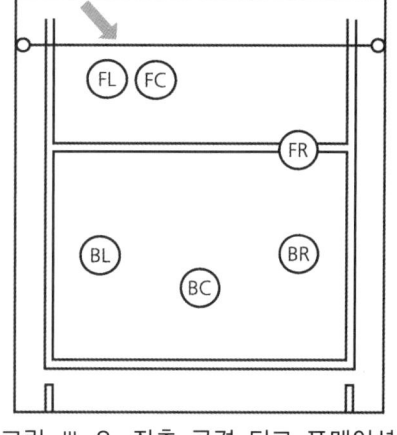

그림 III-8. 좌측 공격 디그 포메이션

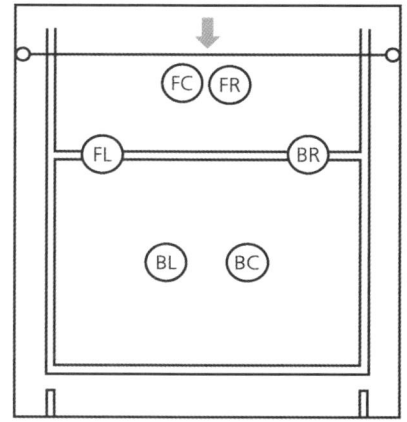

그림 III-9. 중앙 공격 디그 포메이션

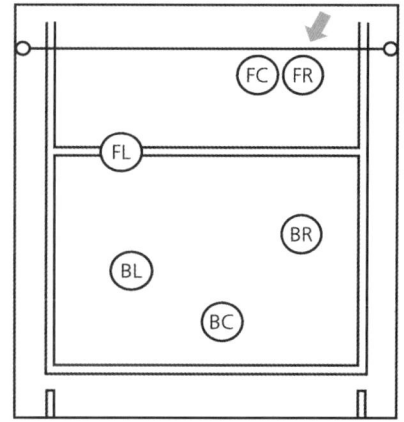

그림 III-10. 우측 공격 디그 포메이션

(1) 좌측 공격 디그 포메이션

① 1인 블로킹

좌측 공격 1인 블로킹은 자기편 우측에 위치한 전위 FR이 블로킹하고 남은 5명은 5각형으로 페인트 커버나 리시브한다. 이때 FC와 BR은 페인트를 리시브하고 나머지는 공격 리시브에 가담한다.

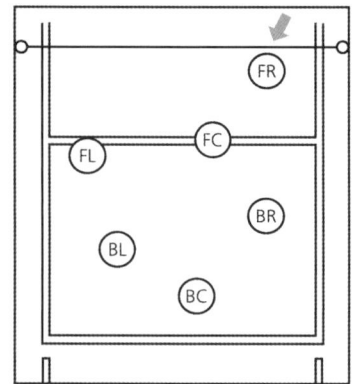

그림 III-11. 좌측 공격 1인 블로킹

② 2인 블로킹

좌측 공격 2인 블로킹은 자기편 우측에 위치한 전위 FC와 FR이 블로킹을 하고 남은 4명은 리시브한다. 이때 BR이 페인트를 잡기 위하여 이동하고 나머지 3명은 공격 리시브한다.

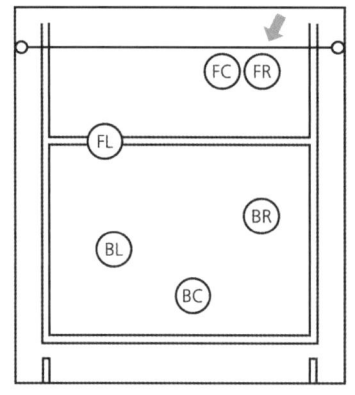

그림 III-12. 좌측 공격 2인 블로킹

(2) 중앙 공격 디그 포메이션

① 1인 블로킹

중앙 공격 1인 블로킹은 6명 중 전위 FC가 블로킹에 가담하고 5명은 리시브하는데 BL와 BR이 공격 리시브하며, 나머지는 페인트를 잡는다.

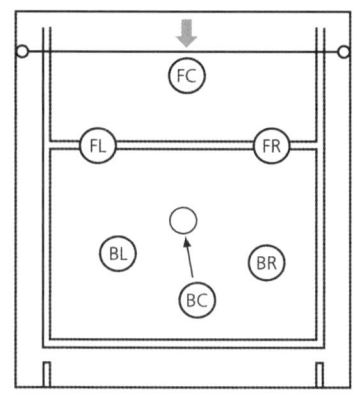

그림 III-13. 중앙 공격 1인 블로킹

III. 팀플레이

② 2인 블로킹

중앙 공격 2인 블로킹은 6명 중 전위 2명인 FL과 FC가 블로킹에 가담하고 남은 4명이 리시브한다. 특히 전위 양 사이드의 공격은 페인트 할 가능성이 크기 때문에 BL과 FR은 페인트를 주의하여 잡고, BC와 BR은 공격 리시브한다

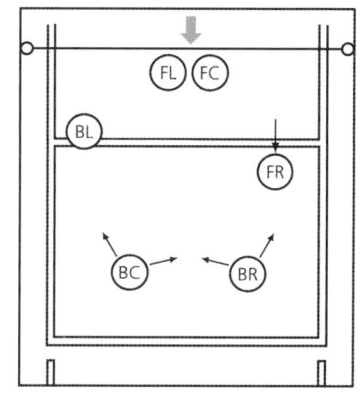

그림 III-14. 중앙 공격 2인 블로킹

(3) 우측 공격 디그 포메이션

① 1인 블로킹

우측 공격 1인 블로킹은 자기편 좌측에 위치한 전위 FL이 블로킹에 참가하고 남은 5명은 페인트 커버와 리시브를 하는데 BL은 어택라인 근처까지 나오고, FC와 함께 페인트를 잡는다

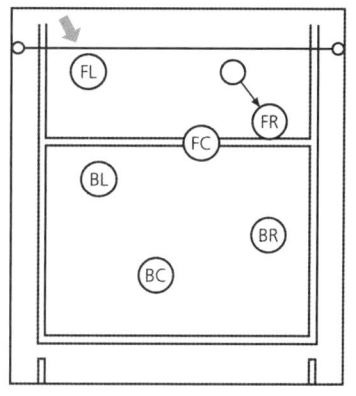

그림 III-15. 우측 공격 1인 블로킹

② 2인 블로킹

우측 공격 2인 블로킹은 자기편 좌측에 위치한 전위 FL와 FC가 블로킹하고 남은 4명은 리시브를 하는데 BL과 FR은 페인트를 리시브하고, BC와 BR은 공격 리시브한다

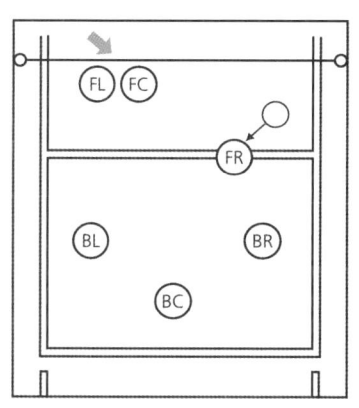

4) 공격 포메이션

공격 포메이션은 1:5 시스템과 0:6시스템 등 공격수가 전위에 2인과 3인의 경우에 따라 다르게 포메이션이 이루어지고 있으나, 여기에서는 2인, 3인 포메이션과 퀵 공격 포메이션의 몇 가지 예를 들고 있으나 많은 응용방법이 있다.

(1) 2인 공격 포메이션

이 포메이션은 세터가 전위에 고정되어 있어 공격수가 2인이 되는 경우이다. 공격수가 2인이므로 블로킹에 막힐 위험성이 크므로 세터의 노련미가 요구되는 시스템이다.

① 초보적인 포메이션으로 세터(S)가 토스하여 FL은 오픈 공격(또는 C), FC는 앞A(또는 백A)를 때리는 경우이다.

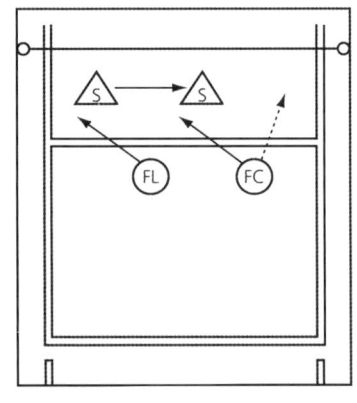

그림 Ⅲ-16. 2인공격포메이션

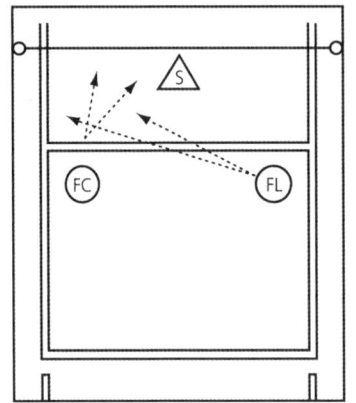

② 세터가 토스하여 FL은 오픈 공격(또는 앞차)을 FC는 앞B(또는 앞A)를 때리는 경우이다.

III. 팀플레이

③ 세터가 토스하여 FL은 오픈 공격(또는 앞차)을 FC는 앞B(또는 앞A)를 때리는 경우이다

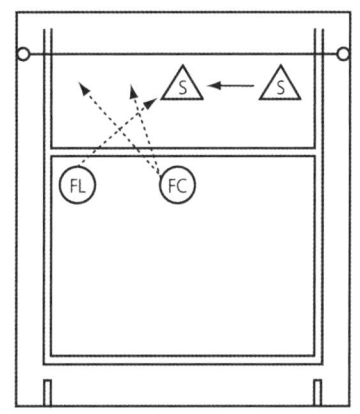

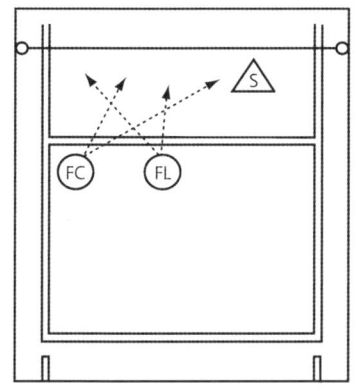

④ 세터가 토스한 볼을 FC는 앞B(또는 앞A)를 FL은 C(또는 앞차)를 때리는 경우이다

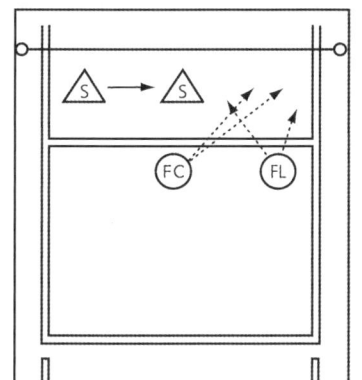

⑤ 세터가 좌측에서 중앙으로 이동하여 토스한 볼을 FC는 백A(또는 백B)를 FL은 백차(또는 백C)를 때리는 경우이다

⑥ 세터가 FL은 오픈 공격을, FC는 앞A(또는 앞B)를 BR은 백어택을 때리는 경우이다

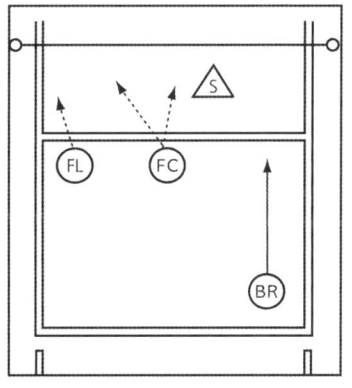

⑦ 세터가 중앙에 위치하여 FC는 A퀵을 FL은 백차(또는 백오픈)를 BL은 좌측에서 백어택을 때리도록 한다.

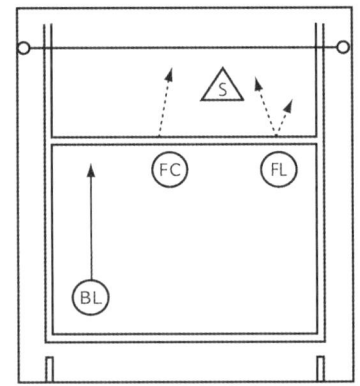

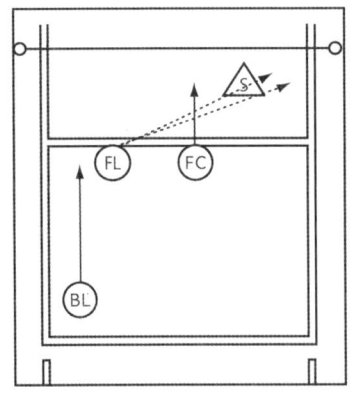

⑧ 세터가 우측에 위치하고 FC는 A퀵을 FL은 백차(또는 백오픈)를 BL은 백어택을 때리도록 한다.

(2) 3인 공격 포메이션

이 포메이션은 우수한 세터 1명을 이용하는 0:6시스템으로 세터가 후위에 위치하고 있다가 상대편 서브 직후에 전위로 뛰어 들어와 토스하면 3인이 공격하는 시스템이다. 이 포메이션은 다양한 공격을 펼칠 수 있는 장점을 가지고 있다.

① 세터가 후위에서 뛰어나와 토스하여 FL은 오픈 공격을 FC는 앞A를, FR은 백차를 때리도록 한다.

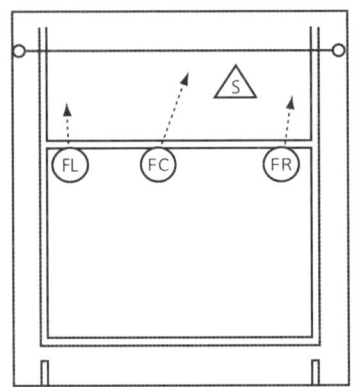

III. 팀플레이

② 세터가 토스하여 FL은 오픈공격을 FC는 앞A를, FR은 앞차(시간차)를 때린다.

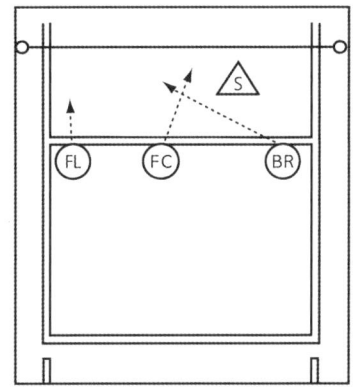

③ 세터가 토스하여 FL은 D공격을 FC는 앞 B(또는 앞A)를, FR은 백오픈을 때리도록 한다.

D공격 : C와 앞차 사이에 띄워주는 토스를 때리는 것.

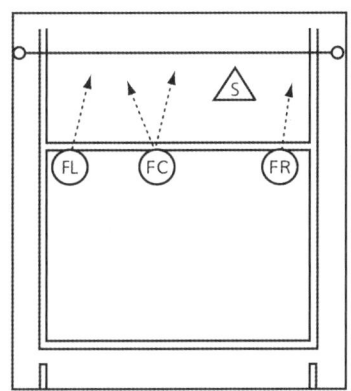

④ 세터가 토스하여 FL은 오픈 공격을 FC는 앞A를, FR은 백C(또는 백오픈)를 때리도록 한다.

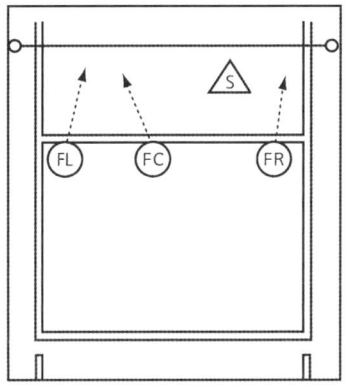

스마트 배구 아카데미 / 107

⑤ 세터가 토스하여 FC는 앞B를 FR은 백A를 FL은 FC와 FR를 돌아서 백차(또는 백C)를 때리도록 한다.

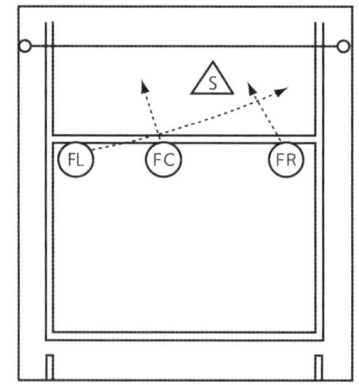

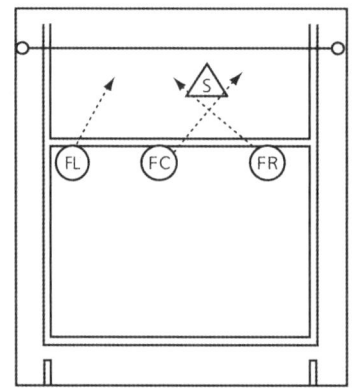

⑥ 세터가 토스하여 FL은 앞B를 FC는 백A를, FR은 앞차(시간차)를 때리도록 한다.

(3) 퀵 공격 포메이션

이 포메이션은 세터와 공격수와의 위치가 멀면 타이밍을 맞추기 어려우므로 퀵 공격수는 어택라인 부근에 위치해야 한다. 속공은 세터가 상대편 블로커를 혼란시키거나 블로킹에 완전하게 가담하기 전 빠른 토스를 통해 공격하는 방법으로 성공률이 높다.

① A퀵 포메이션

세터는 앞A퀵 공격을 위하여 FC에 토스하는 경우가 많으나, FL도 이용하기가 용이하다

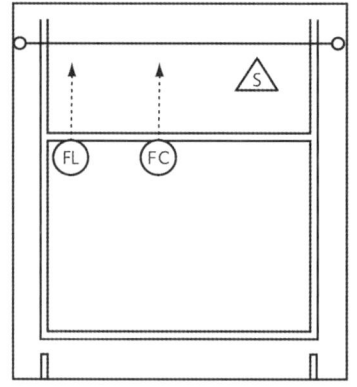

그림 Ⅲ-17. 앞A퀵 포메이션

III. 팀플레이

② B퀵 포메이션

세터는 앞B퀵 공격을 위하여 FL과 FC에 위치한 선수에게 토스하는 경우가 많다.

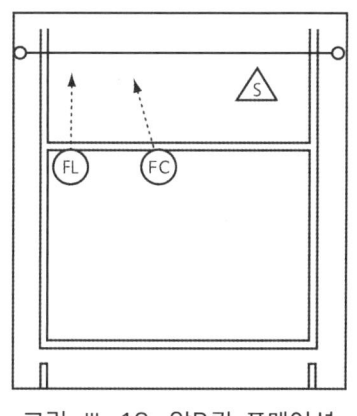

그림 III-18. 앞B퀵 포메이션

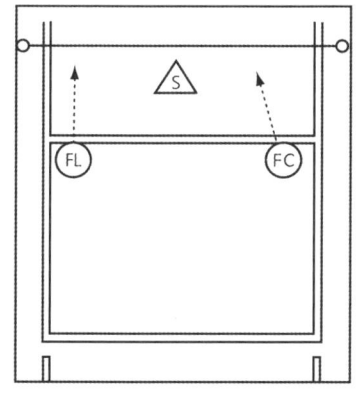

그림 III-19. 백A퀵 포메이션

③ 백A퀵 포메이션

세터는 백A퀵 공격을 위하여 FC와 FC에 위치한 선수에게 토스하는 경우가 많다.

④ 백B퀵 포메이션

세터는 백B퀵 공격을 위하여 FC에 토스하는 경우가 많다

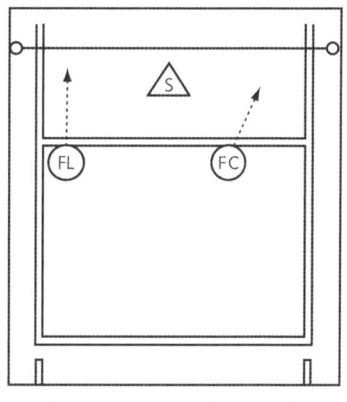

그림 III-20. 백B퀵 포메이션

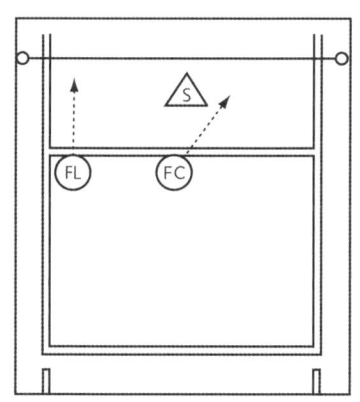

세터는 백B퀵 공격을 위하여 FC에 토스하는 경우도 있다

Ⅳ. 배구경기 규칙

Ⅳ. 배구경기 규칙

제1장 시설과 장비

1. 경기장

경기장은 경기코트와 자유지역을 포함한다. 경기장은 직사각형으로 둘로 나뉜 양쪽이 대칭을 이루어야 한다.

1.1 규격

경기코트는 모든 면이 최소 3m 폭의 자유지역으로 둘러진 18X9m 크기의 직사각형이다

자유경기 공간은 어떠한 장애물도 없는 자유로운 경기장 위의 공간을 말하며 경기장 표면으로부터 최소 7m 높이가 확보되어야 한다.

FIVB, 세계 및 공식대회에서 자유지역은 사이드라인으로부터 5m, 엔드라인으로부터 6.5m가 확보되어야 하며, 자유경기 공간은 경기장 표면으로부터 최소 12.5m 높이가 확보되어야 한다.

1.2 경기장 표면

1.2.1 표면은 평평하고 수평을 이루어야 하며 균일해야 한다. 선수에게 부상 위험이 있어서는 안 되며, 거칠거나 미끄러운 표면에서 경기하는 것은 금지된다.
FIVB, 세계 및 공식대회에서는 목재나 합성표면만이 허용되며, 모든 표면은 사전에 FIVB의 승인을 받아야 한다.

1.2.2 실내 코트의 경기장 표면은 밝은색으로 되어야 한다.
FIVB, 세계 및 공식대회에서는 흰색으로 선을 그어야 한다.
서로 다른 색상으로 경기코트와 자유지역이 구분되어야 한다.
경기코트는 전위지역과 후위지역을 구별할 수 있는 다른 색상이어도 된다.

1.2.3 실외 코트에서는 배수를 위해 미터당 5mm의 경사가 허용되며, 코트의 선을 딱딱한 재질로 만드는 것은 금지된다.

1.3 코트 라인

1.3.1 모든 라인은 5cm 폭으로 그려지며, 바닥과 다른 라인으로부터 구분되는 밝은 색상으로 그어져야 한다.

1.3.2 구획선

사이드라인 2개와 엔드라인 2개로 경기장 코트를 표시한다. 양쪽 사이드라인과 엔드라인은 경기장 코트의 면적 안에 포함되어야 한다.

1.3.3 센터라인

센터라인을 축으로 경기코트는 각각 9X9m 크기의 동일한 코트 2개로 나누어진다. 센터라인의 전체 너비는 양 코트를 동일하게 포함시키는 것으로 간주한다. 이 선은 사이드라인에서 사이드라인까지 네트 아래를 잇는다.

1.3.4 어택라인

센터라인의 중심축으로부터 3m 뒤로 그려지는 각 코트의 어택라인은 전위지역을 나타낸다.

FIVB, 세계 및 공식대회에서 어택라인은 사이드라인으로부터 너비 5cm, 길이 15cm의 짧은 5개 점선이 20cm 간격으로 1.75m까지 연장된다.

1.4 지역과 구역

1.4.1 전위지역

각 코트의 전위지역은 센터라인 중심과 어택라인의 뒤 가장자리로 제한된다. 전위지역은 사이드라인을 넘어 자유지역 끝까지 연장되는 것으로 본다.

1.4.2 서비스지역

서비스지역은 각 엔드라인 뒤 9m 폭의 지역을 말한다.

Ⅳ. 배구경기 규칙

옆으로는 각각 길이 15cm의 두 개의 짧은 선이 사이드라인 연장선상 엔드라인 20cm 뒤에 그려진다. 두개의 짧은 선은 서비스지역의 폭에 포함된다.
서비스지역은 자유지역 끝까지 연장된다.

1.4.3 선수교대지역

선수교대지역은 양 어택라인의 연장선에서 기록석까지로 한정된다.

1.4.4 리베로교체지역

리베로교체지역은 팀 벤치 쪽 자유지역의 일부로서 어택라인 연장선에서 엔드라인까지로 한정된다.

1.4.5 웜업구역

FIVB, 세계 및 공식 대회에서 웜-업 구역은 대략 3X3m의 크기로 자유지역 밖 양 벤치 옆 구석에 위치한다.
관중의 시야를 방해하지 않거나 또는 관중석이 코트의 표면으로부터 높이 2.5m 이상이 되면 팀 벤치 뒤에 위치할 수 있다.

1.5 기온

경기장 기온은 10℃(50℉) 이하가 되어서는 안 된다.
FIVB, 세계 및 공식대회에서 최고기온은 25℃ (77℉) 이하여야 하며 최저기온은 16℃ (61℉) 이상이어야 한다.

1.6 조명

경기장의 조명은 300 룩스 이상이어야 한다.
FIVB 세계대회 및 공식 대회에서, 경기장의 조명은 경기장 표면 1m 위에서 측정했을 때 2000룩스 보다 낮아서는 안된다.

2. 네트와 지주

2.1 네트의 높이

2.1.1 네트는 센터라인에서 수직으로 남자 2.43m, 여자 2.24m 높이로 설치한다.

2.1.2 네트 높이는 경기코트의 중앙에서 측정한다. 양 사이드라인 위쪽의 네트 높이는 동일해야 하며 공식적인 네트 높이를 2cm 이상 초과해서는 안된다.

2.2 구조

네트는 너비 1m (+/- 3cm) 그리고 길이 9.50 ~ 10m (사이드밴드 양옆에 25~50cm 길이 포함)로, 10cm의 정사각형 검정 그물망으로 만들어진다. FIVB, 세계 및 공식대회에서는 각 대회규정에 의거하여 마케팅 협의에 따른 광고효과를 위하여 그물을 수정할 수 있다.

폭 7cm의 상단 수평 밴드는 두 겹의 흰색 캔버스로 만들어지며 전체 길이를 꿰맨다. 밴드 양 끝에 있는 구멍으로 끈을 통과시켜 지주에 밴드를 고정 시킴으로써 상단 부분을 팽팽하게 유지시켜준다.

밴드 안에 있는 신축성 좋은 케이블로 네트를 지주에 고정시켜 상단을 팽팽하게 유지시켜준다.

네트 하단에는 상단 밴드와 유사한 너비 5cm의 수평 밴드를 통해 로프를 연결한다. 이 로프는 네트를 지주에 고정시켜 하단 부분을 팽팽하게 유지시켜준다.

2.3 사이드 밴드

2개의 흰색 밴드는 수직으로 네트에 고정시키고 사이드라인 바로 위에 설치한다. 사이드밴드는 폭 5cm, 길이 1m로서 네트의 일부로 간주한다.

IV. 배구경기 규칙

2.4 안테나

안테나는 길이 1.80m, 직경 10mm의 유리섬유나 이와 유사한 재질로 만들어진 유연한 막대기를 말한다.

안테나는 각 사이드밴드 바깥쪽 가장자리에 고정시키고 네트의 반대편에 각각 설치한다.

각 안테나의 상부 80cm는 네트 위로 뻗어 있으며 주로 빨간색과 흰색의 대비 색상으로 이루어진 너비 10cm의 줄무늬로 표시한다.

안테나는 네트의 일부로 간주하며 측면의 통과허용 공간의 경계를 정해준다.

2.5 지주

2.5.1 네트를 지탱해주는 지주는 사이드라인 바깥쪽으로 0.50~1.00m 떨어진 위치에 2.55m 높이로 설치하며 지주의 높이는 조정 가능한 것이 좋다.

모든 FIVB, 세계 및 공식대회에서 네트를 지탱해주는 지주는 사이드라인 바깥쪽으로 1m 떨어진 위치에 설치하며 반드시 보호대를 부착해야 한다.

2.5.2 지주는 둥글고 매끄러우며 줄 없이 바닥에 고정한다. 위험하거나 방해가 되는 장치가 있어서는 안된다.

2.6 추가장비

모든 추가 장비는 FIVB 규정에 의해 결정된다.

3. 볼

3.1 기준

볼은 구의 형태로 고무나 그와 유사한 재질로 만든 내피에 유연한 가죽 혹은 합성가죽표피로 만들어진다.

볼 색상은 균일한 밝은색이나 조합된 색상이어야 한다.
국제 시합에서 사용되는 인조가죽 컬러 볼은 FIVB 규정에 부합되어야 한다.
볼 둘레는 65~67cm이며 무게는 260~280g이다.
볼 내부 압력은 0.30~0.325kg/㎠(4.26~4.61psi) (294.3~318.82 mbarhPa)이어야 한다.

3.2 볼의 균일성

경기에 사용되는 모든 볼의 둘레, 무게, 압력, 형태, 색상 등의 기준은 동일해야 한다.
FIVB, 세계 및 공식대회에서 뿐 아니라 국내 혹은 챔피언 리그에서도 FIVB의 동의가 없는 한 FIVB 공인구로 시합해야 한다.

3.3 볼 리트리버 시스템

FIVB, 세계 및 공식대회에서는 볼 5개를 사용해야 한다. 이 경우, 6명의 볼 리트리버가 자유지역의 각 모서리와 주심·부심 뒤쪽에 각각 위치해야 한다.

Ⅳ. 배구경기 규칙

[제2장] 참가자

4. 팀

4.1 팀 구성

4.1.1 경기를 위해 한 팀은 선수 12명까지 구성할 수 있으며, 추가로
- 코칭 스태프 : 감독 1명, 최대 코치 2명
- 의료 스태프 : 팀 치료사 1명 및 의사 1명

일반적으로 기록지 선수명단에 있는 사람만이 대회장/통제구역에 들어갈 수 있으며 공식 웜업과 경기에 참가할 수 있다.

FIVB, 세계 및 공식 성인경기:

경기기록지에 등록 가능한 선수의 최대인원은 14명이다.

벤치 착석 인원은 최대 5명(감독 포함)이고 감독이 결정한다. 그러나 경기 기록지에 기재 되고 O-2(bis)에 등록되어야 한다.

팀 단장 그리고/또는 기자는 통제구역 내 벤치 혹은 벤치 뒤에 앉을 수 없다. FIVB 세계 및 공식적인 경기에 참가하는 의사나 팀 치료사는 팀의 임원이지만 반드시 FIVB로부터 사전 승인을 받아야 한다.

FIVB 세계 및 공식적인 성인 경기대회에서, 만약 팀 벤치에 앉을 수 있는 인원에 포함되지 않았다면, 반드시 경기 통제구역 내에 위치한 펜스 뒤쪽에 착석해야 하며 혹은 특정 대회 핸드북에 표시된 특정한 장소에 앉아야 한다. 그리고 선수 부상 등 응급상황 발생 시, 심판들의 요청에 의해서만 코트에 들어올 수 있다.

팀 치료사는 (벤치에 앉지 않을 경우) 공식 웜업 시작 전까지 웜-업을 도울 수 있다.

각 이벤트에 대한 공식 규정은 특정 대회 핸드북을 참조한다.

4.1.2 선수 중 한 명은 팀 주장이 되며 해당 주장은 경기기록지에 표시되어야 한다.

4.1.3 기록지에 기재된 선수들만이 경기에 참가할 수 있다. 감독이나 팀 주장이 기록지(전자기록지의 경우 팀 명단)에 서명한 후에는 기록된 선수는 바꿀 수 없다.

4.2 팀의 위치

4.2.1 경기에 참가하지 않는 선수들은 팀 벤치에 앉아 있거나 웜업 지역에 있어야 한다. 감독과 다른 팀원들은 벤치에 앉아 있어야 하나 일시적으로 장소를 이탈할 수는 있다.

팀 벤치는 자유지역 바깥쪽 기록석 양옆에 둔다.

4.2.2 팀 구성원만이 경기장에 들어갈 수 있으며, 경기 중 벤치에 앉거나 공식 연습 동안에 참가하는 것이 허용된다.

4.2.3 경기에 참가하지 않는 선수들은 다음과 같이 볼 없이 웜업할 수 있다.

4.2.3.1 경기 중: 웜업지역 내에서,

4.2.3.2 타임아웃 : 자기 팀 코트 뒤 자유지역 내에서.

4.2.4 세트 간 휴식시간 동안 선수들은 자기 팀 자유지역에서 볼을 사용하여 웜업을 할 수 있다.

4.3 복장

선수 복장은 상의, 반바지, 양말 (유니폼), 그리고 운동화로 구성된다.

4.3.1 팀의 상의, 반바지, 양말의 색상 및 디자인은 동일하고(리베로 제외) 청결해야 한다

4.3.2 신발은 고무 또는 합성 밑창이 부착되고 뒷굽이 없어야 하며 가볍고 유연해야 한다.

4.3.3 선수의 유니폼 번호는 1~20번까지 사용할 수 있다.

대규모 선수단이 참가하는 FIVB, 세계 및 공식 성인 대회에서는 유니폼 번호를 연장하여 사용할 수 있다.

Ⅳ. 배구경기 규칙

4.3.3.1 유니폼 번호는 상의 앞면과 뒷면 중앙에 위치해야 하며, 번호의 색상 및 밝기는 상의 색상 및 밝기와 대비되어야 한다.

4.3.3.2 유니폼 번호의 높이는 상의 앞가슴에 최소 15cm, 등에 최소 20cm가 되어야 하며, 번호의 굵기는 최소 2cm가 되어야 한다.

4.3.4 팀 주장의 상의 앞면에 새겨진 번호 아래에는 8X2cm의 밑줄이 그려져 있어야 한다.

4.3.5 팀 유니폼 색상과 다른 유니폼을 입거나 (리베로 제외) 공식 번호가 없는 유니폼을 착용하는 것은 금지된다.

4.4 복장 변경

주심은 한 명 또는 그 이상의 선수들에게 다음을 허용할 수 있다.

4.4.1 맨발로 경기하는 것.

4.4.2 세트 사이나 선수교대 후 젖거나 손상된 유니폼을 색상, 디자인 및 번호가 동일한 새 유니폼으로 바꿔 입는 것

4.4.3 팀 전체적으로 색상 및 디자인이 동일하고 규칙 4.3.3에 따라 공식 번호가 부착된 경우에는 추운 날씨에 트레이닝복을 착용하고(리베로 제외) 경기하는 것

4.5 금지 물품

4.5.1 선수에게 부상을 입히거나 인위적인 이점을 줄 수 있는 물품을 착용하는 것은 금지된다.

4.5.2 선수들은 자신의 책임하에 안경이나 렌즈를 착용할 수 있다.

4.5.3 압박패드(패드가 붙어있는 부상 방지 용품)는 보호 또는 지지를 위해 착용할 수 있다.

FIVB, 세계 및 공식 성인 대회에서 이러한 용품들은 유니폼의 일부로서 동일한 색상이어야 한다. 모든 선수들이 같은 색상을 사용하는 경우라면 검은색, 흰색 또는 무채색 계열의 색상을 사용할 수 있다.

5. 팀 리더

양 팀의 주장과 감독은 팀원의 행동과 규율을 책임진다.
리베로는 팀 주장 또는 경기 주장이 될 수 있다.

5.1 주장

5.1.1 경기 전, 팀 주장은 팀을 대표해 토스를 하고 기록지에 서명한다.

5.1.2 경기 중 그리고 코트에 있는 동안 팀 주장은 경기 주장이 된다. 팀 주장이 코트 밖으로 나가는 경우 감독이나 팀 주장은 코트에 있는 다른 선수를 경기 주장으로 지명해야한다. 이 경기 주장은 다른 선수로 교체되거나 팀 주장이 복귀하거나 세트가 종료될 때까지 경기 주장으로서의 책임을 유지한다.
볼이 "아웃 오브 플레이" 상태가 된 경우 경기 주장만이 심판에게 말할 수 있는 권한이 주어진다.

5.1.2.1 규칙의 적용과 해석에 대한 설명을 요구하고 팀 동료를 대신하여 요구나 질문을 한다. 주심의 설명에 동의하지 않을 경우 경기 주장은 주심의 결정에 항의할 수 있으며 즉시 주심에게 자신이 경기 종료 시 경기기록지에 공식항의를 기록할 권리가 있음을 제시한다.

5.1.2.2 허가 요구:
   a) 용구의 전체 또는 일부를 교체하는 것,
   b) 양 팀의 위치를 확인하는 것,
   c) 바닥, 네트, 볼 등을 점검하는 것

5.1.2.3 감독 부재 시, 감독의 권한을 부여받은 코치가 없다면 타임아웃과 선수교대를 요구할 수 있다.

5.1.3 경기 종료 후 팀 주장은:

5.1.3.1 심판에게 감사를 표하고 결과를 확인한 후 기록지에 서명한다.

5.1.3.2 경기 중에 주심에게 공식항의 의사를 적절하게 제시한 경우, 주심의 규칙 적용 또는 해석에 관한 공식항의를 확인한 후 경기기록지에 이를 기록할 수 있다.

IV. 배구경기 규칙

5.2 감독

5.2.1 감독은 경기 내내 경기코트 밖에서 팀의 경기를 관장하며 선발 라인업과 교대 선수를 선정하고 타임아웃을 요구한다. 이러한 역할을 수행할 때 감독이 접촉하는 심판은 부심이다.

5.2.2 경기 전 감독은 기록지의 팀 명단에 기재된 선수들의 이름과 번호를 확인한 후 서명한다.

5.2.3 경기 중에 감독은:

5.2.3.1 매 세트 전, 라인업 시트를 기재하고 서명한 후 부심이나 기록원에게 제출한다. 태블릿 앱이 사용된다면, 전자장치를 통하여 자동적으로 전달된 라인업이 공식적인 것으로 간주된다.

5.2.3.2 기록석 가장 가까운 팀 벤치에 앉으며, 자리를 떠날 수 있다.

5.2.3.3 타임아웃과 선수교대를 요구한다.

5.2.3.4 다른 팀원뿐 아니라 코트에 있는 선수들에게 지시를 할 수 있다. 감독은 어택라인 연장선에서부터 웜업구역까지(경기 통제구역 모서리에 있는 경우) 팀 벤치 앞 자유지역 내에서 경기를 방해하거나 지연시키지 않는 한, 서서 또는 걸으면서 이러한 지시를 내릴 수 있다.

웜업구역이 팀 벤치 뒤에 있으면, 감독은 선심의 시야를 가리지 않는다면 어택라인 연장선에서부터 팀 코트 끝까지 이동할 수 있다.

5.3 코치

5.3.1 코치는 팀 벤치에 앉을 수는 있으나 경기에 관여할 권리는 없다.

5.3.2 감독이 제재를 포함한 어떠한 이유로 인하여 팀에서 이탈해야 하는 경우 (선수로 코트에 입장하는 경우는 제외), 경기 주장이 심판의 확인을 받은 후에는 코치가 감독의 부재 동안 감독의 역할을 대행할 수 있다.

[제3장] 경기방식

6. 득점, 세트 및 경기의 승리

6.1 득점

6.1.1 점수

다음과 같은 경우 팀은 1점을 획득한다.

6.1.1.1 상대편 코트에 볼이 성공적으로 닿은 경우

6.1.1.2 상대편이 반칙을 범한 경우

6.1.1.3 상대편이 벌칙을 받은 경우

6.1.2 반칙

규칙에 어긋나는 경기동작을 시도함으로써 (또는 다른 형태의 위반을 함으로써) 팀은 반칙을 범하게 된다. 심판은 반칙 여부를 판단하고 규칙에 따라 결과를 정한다.

6.1.2.1 반칙을 두 가지 이상 연속하여 범하는 경우 첫 번째 반칙만 적용한다.

6.1.2.2 양 팀이 두 가지 또는 그 이상의 반칙을 동시에 범하는 경우 더블 폴트가 선언되며 랠리는 다시 시작된다.

6.1.3 랠리 및 완료된 랠리

랠리란 서버가 볼을 서비스한 순간부터 볼이 '아웃 오브 플레이' 될 때까지의 일련의 경기 동작을 말한다. 완료된 랠리란 1점 득점의 결과를 가져오는 일련의 경기 동작이다.

이것은 다음 사항이 포함된다:

- 벌칙 부과

- 서비스 시간 초과에 따른 서비스권 상실.

Ⅳ. 배구경기 규칙

6.1.3.1 서빙팀이 랠리에서 이기면 한 점을 획득하며 서브를 계속한다.

6.1.3.2 리시빙팀이 랠리에서 이기면 한 점을 획득하고 다음 서브를 한다.

6.2 세트 승리

한 세트(최종 5세트는 제외)는 최소 2점을 앞선 상태에서 25점을 선취한 팀이 승리한다. 24-24 동점인 경우 경기는 한 팀이 2점을 앞설 때까지 계속된다 (26-24, 27-25 등).

6.3 경기 승리

6.3.1 경기는 3세트를 이긴 팀이 승리한다.

6.3.2 세트가 2-2 동점인 경우, 최종 5세트는 최소 2점을 앞선 상태에서 15점을 선취한 팀이 승리한다.

6.4 부전패 및 불완전 팀

6.4.1 팀이 경기 속행을 거부하는 경우 해당 팀은 각 세트 0-25, 경기 0-3의 결과와 함께 경기 몰수로 부전패가 선언된다.

6.4.2 팀이 정당한 사유 없이 제시간에 경기장에 나타나지 않으면 규칙 6.4.1과 같은 결과로 부전패를 선고한다.

6.4.3 세트 혹은 경기 중 불완전한 팀으로 선언되는 팀은 해당 세트 또는 경기에서 패하게 된다. 상대팀은 해당 세트 또는 경기를 이기는데 필요한 점수와 세트를 얻게 된다. 선언 전에 획득한 불완전한 팀의 점수와 세트는 유효하다.

7. 플레이의 구조

7.1 토스

경기 전, 주심은 첫 세트에서의 첫 서브와 코트 선정을 위한 토스를 실시한다. 최종 세트의 경우에는 토스를 새로 실시한다.

7.1.1 토스는 양 팀 주장의 참여하에 실시한다.

7.1.2 토스 승자는

7.1.2.1 서브권 또는 리시브권을 선택하거나,

7.1.2.2 코트 면을 선택할 수 있다.

패자는 남은 선택권을 갖게 된다.

7.2 공식 웜-업

7.2.1 경기시작 전, 양 팀이 임의대로 사용할 수 있는 경기코트가 미리 준비되어 있는 경우, 양 팀 모두 네트에서 6분 동안 공식 연습을 갖게 되며, 그렇지 않은 경우에는 10분간 웜업을 할 수 있다.
FIVB, 세계 및 공식대회에서는 양 팀 모두 네트에서 10분간 웜업 시간을 가질 수 있다.

7.2.2 팀 주장이 네트에서의 공식 웜업을 별도로 (순차적으로) 갖기를 요구하는 경우, 팀당 3분 또는 5분의 웜업시간이 허용된다.

7.2.3 공식 웜업을 순차적으로 하는 경우, 첫 서브권을 가진 팀이 먼저 네트에서 웜업을 실시한다.
FIVB, 세계 및 공식 대회의 경우, 모든 선수들은 경기의전과 웜업 시간 동안 유니폼을 착용해야 한다.

7.3 팀 선발 라인업

7.3.1 경기에 참가하여 뛰는 선수들은 팀당 6명이다. 팀의 선발 라인업은 코트에서 선수들의 로테이션 순서를 나타내는 것이며 이 순서는 세트 동안 그대로 유지되어야 한다.

7.3.2 세트 시작 전 감독은 라인업용지 또는 전자장치(사용되는 경우)를 이용하여 팀의 선발 라인업을 제출해야 한다. 용지는 정확하게 작성하고 서명한 후 부심 또는 기록원에게 제출하거나 전자적으로 e-기록원에게 직접 송부한다.

7.3.3 세트의 선발 라인업이 아닌 선수들은 해당 세트의 교대선수가 된다(리베로 제외).

7.3.4 라인업용지가 부심이나 기록원에게 제출되면 정규적인 교대 없이 라인업을 임의로 바꿀 수 없다.

7.3.5 코트에 있는 선수들의 위치와 라인업 용지상의 위치가 불일치할 경우 아래와 같이 처리한다.

7.3.5.1 그러한 불일치가 세트 시작 전에 발견된 경우에는 선수들 위치를 라인업용지에 따라 수정해야 하며 이 경우 어떠한 제재도 부과하지 않는다.

7.3.5.2 세트 시작 전에, 코트에 있는 한 선수가 해당 세트 라인업용지에 등록되어 있지 않은 사실이 발견된 경우에는 선수를 라인업용지와 일치하도록 바꾸어야 하며 이 경우 어떠한 제재도 부과하지 않는다.

7.3.5.3 다만, 라인업에 등록되어 있지 않은 선수를 코트에 그대로 두고자 하는 경우 감독은 선수교대 핸드 시그널을 이용하여 정규적인 선수교대를 요구해야 하며 기록지에 이 사실을 기재해야 한다.

선수의 위치와 라인업용지 사이의 불일치가 나중에 발견되는 경우 반칙을 범한 팀은 정확한 위치로 되돌아가야 한다. 상대편의 점수는 그대로 유지되며 추가적으로 1점을 획득하고 다음 서브권도 얻게 된다. 반칙을 한 팀이 반칙 발생 순간부터 반칙 발견 시까지 획득한 모든 점수는 취소된다.

7.3.5.4 국내의 모든 경기에서 7.3.5.5의 경우를 제외하고 경기 규칙에 위반된 선수가 코트에서 발견된 경우 상대편의 점수는 그대로 유지되며 추가적으로 1점을 획득하고 다음 서브권도 얻게 된다. 반칙을 한 팀은 불법적인 선수가 코트에 들어간 순간부터 획득한 모든 점수와 세트점수(필요시, 0:25)를 잃게 된다. 경기가 끝났다면 경기를 잃게 되며, 해당 팀은 라인업용지를 수정하여 다시 제출하고 해당 선수의 위치에는 합법적인 새로운 선수를 들여보내야 한다.
- 당일 경기기록지에 등록이 되지 않은 경우
- 참가신청서에 기록된 등번호나 이름이 다른 유니폼을 입은 경우
- 불법적으로 경기에 들어간 경우

7.3.5.5 국내의 모든 경기에서 대한민국배구협회에 등록되지 않은 선수 또는 참가 자격이 없는 선수 및 대회참가신청서에 등록되지 않은 선수가 경기에 들어간 경우 해당팀은 동 대회의 모든 경기에서 몰수패로 처리된다.

7.4 위치

서버가 볼을 타구하는 순간에 각 팀은 로테이션 순서 (서버 제외)에 따라 자기 팀 코트에 위치해 있어야 한다.

7.4.1 선수의 위치 번호는 다음과 같다.

7.4.1.1 네트 부근의 선수 3명은 전위선수들로서 4(전위 레프트), 3(전위 센터) 그리고 2(전위 라이트)에 위치하게 된다.

7.4.1.2 나머지 선수 3명은 후위선수들로서 5(후위 레프트), 6(후위 센터) 그리고 1(후위 라이트)에 위치하게 된다.

7.4.2 선수들 간의 상대적 위치:

7.4.2.1 후위선수는 대응하는 전위선수보다 센터라인으로 부터 더 뒤쪽에 위치해야 한다.

7.4.2.2 전위 및 후위 선수들은 각각 규칙 7.4.1에 명시된 순서에 따라 횡렬로 위치해야 한다.

IV. 배구경기 규칙

7.4.3 선수의 위치는 다음과 같이 바닥에 접한 발의 위치(바닥에 마지막으로 접촉된 선수의 위치로 정함)에 따라 결정되며 통제된다.

7.4.3.1 후위선수는 그와 대응하는 전위선수의 앞발과 같거나 혹은 적어도 앞발의 일부가 센터라인으로부터 더 멀리 있어야 한다.

7.4.3.2 우측(좌측)에 있는 선수의 발은 동일 선상에 있는 사이드라인 보다 먼 다른 선수의 우측(좌측) 발의 위치와 같거나 혹은 적어도 한 발의 일부가 우측(좌측) 사이드라인에 가까워야 한다.

7.4.4 서비스 타구 후 선수들은 자기 팀 코트와 자유지역 내 어느 위치로든 이동할 수 있으며 어느 위치든 차지할 수 있다.

7.5 위치 반칙

7.5.1 어떠한 선수라도 서버가 볼을 타구하는 순간 자신의 정확한 위치에 서 있지 않았다면, 그 팀은 위치반칙을 범한 것이 된다. 불법적으로 교대한 선수가 코트에 있을 경우 경기는 다시 시작되며, 이때 불법 선수교대의 결과는 위치 반칙으로 간주된다.

7.5.2 서비스 타구의 순간에 서브실행 반칙이 발생하는 경우에는 위치반칙보다 서버의 반칙이 먼저 인정된다.

7.5.3 서비스 타구 후에 반칙이 발생하는 경우에는 위치 반칙으로 간주한다.

7.5.4 위치반칙은 아래와 같은 결과를 초래한다.

7.5.4.1 상대편에 1점과 서비스를 주는 제재가 부과된다.

7.5.4.2 선수의 위치는 수정된다.

7.6 로테이션

7.6.1 로테이션 순서는 팀의 선발 라인업 그리고 세트 내내 서비스 순서와 선수들의 위치를 결정한다.

7.6.2 리시빙팀이 서브권을 얻으면 해당 팀 선수들은 시계방향으로 한 위치씩 돌게 된다. 2번 위치의 선수는 서브를 위해 1번 위치로 이동하고 1번 위치의 선수는 6번 위치로 이동, 등

7.7 로테이션 반칙

7.7.1 로테이션 반칙은 서비스가 로테이션 순서대로 이루어지지 않을 경우 발생한다. 로테이션 반칙은 다음과 같은 순서에 따라 처리한다.

7.7.1.1 기록원은 부저로 경기를 중단시키고 상대편은 1점과 다음 서비스를 갖는다. 로테이션 반칙과 함께 시작된 랠리가 완료된 후에 해당 반칙이 발견되는 경우에는 해당 랠리의 결과와 무관하게 상대편에 1점이 주어진다.

7.7.1.2 반칙한 팀의 로테이션 순서를 수정한다.

7.7.2 또한 기록원은 반칙이 발생한 정확한 순간을 결정해야 하며 반칙한 팀이 해당 시점 이후에 취득한 모든 점수는 취소되어야 한다. 상대편 점수는 유효하다. 로테이션 반칙이 일어난 시점을 결정할 수 없는 경우에 점수는 취소하지 않고 다만 1점과 서비스를 상대편에 주는 제재만 부과한다.

Ⅳ. 배구경기 규칙

[제4장] 플레잉 동작

8. 플레이 상태

8.1 볼 인 플레이
볼은 주심의 허가에 의해 서비스가 타구되는 순간부터 '인 플레이' 상태가 된다.

8.2 볼 아웃 오브 플레이
반칙이 발생하면 심판의 휘슬과 함께 볼은 "아웃 오브 플레이"가 되며, 반칙이 없는 경우에는 심판이 휘슬을 부는 순간 "아웃 오브 플레이"가 된다.

8.3 볼 "인"
경기장 바닥과 접촉할 때 볼의 일부가 구획선을 포함하여 코트에 닿은 경우 볼은 "인"이 된다.

8.4 볼 "아웃"
다음에 해당하는 경우 볼은 "아웃" 처리된다:

8.4.1 바닥에 접촉한 볼의 모든 부분이 구획선 밖으로 완전히 나간 경우

8.4.2 볼이 코트 밖의 물체, 천장 또는 경기하는 선수 외의 사람에 닿은 경우

8.4.3 볼이 안테나, 로프, 지주, 또는 사이드밴드 바깥쪽 네트에 닿은 경우

8.4.4 규칙 10.1.2의 경우를 제외하고, 볼이 네트 수직면의 통과허용공간 바깥쪽을 부분적으로 또는 완전히 통과한 경우

8.4.5 볼이 네트 아래 공간을 완전히 통과한 경우

9. 볼 플레잉

각 팀은 자기 팀 경기 구역과 공간 내에서만 경기해야 한다 (규칙 10.1.2 제외). 하지만 자기 팀 자유구역 너머로부터 볼을 되돌릴 수는 있다. 그리고 기록석과 그 위 공간에서도 가능하다.

9.1 팀 타구

타구는 경기 중인 선수가 볼에 접촉하는 모든 것을 말한다.

팀은 볼을 상대 코트로 보내기 위해 최대 3회의 타구 (블로킹 제외)를 할 수 있다. 그 이상의 타구는 "포 히트" 반칙이 된다.

9.1.1 연속 접촉

한 선수가 볼을 연속 2번 타구할 수 없다. (규칙. 9.2.3, 14.2와 14.4.2 제외)

9.1.2 동시 접촉

2명 또는 3명의 선수가 동시에 볼을 접촉하는 것은 허용된다.

9.1.2.1 2(3)명의 선수가 동시에 볼을 접촉한 경우에는 2(3)회 타구로 간주한다. (블로킹은 제외). 여러 선수들이 볼을 향해 손을 뻗었으나 한 명의 선수만 볼에 접촉한 경우는 한 번의 타구로 간주한다. 선수들 간 충돌은 반칙으로 간주하지 않는다.

9.1.2.2 양 팀 선수가 동시에 네트 위에서 접촉한 볼이 '인 플레이'가 된 경우 볼을 리시브한 팀이 다시 3회 타구를 할 수 있다. 그 볼이 '아웃'된 경우에는 볼이 떨어진 반대편 팀의 반칙이 된다.

9.1.2.3 네트 위에서 양 팀이 동시에 친 볼이 연속적인 볼 접촉으로 이어지는 경우 경기는 계속된다.

9.1.3 어시스트 히트

경기구역 내에서 선수가 타구를 위해 팀원이나 구조물/물체의 도움을 받는 것은 허용되지 않는다.

IV. 배구경기 규칙

다만, 반칙 (네트접촉, 센터라인을 넘는 행위 등) 직전의 선수를 같은 팀 선수가 저지하거나 뒤로 잡아당기는 것은 허용된다.

9.2 타구의 특성

9.2.1 볼은 신체의 어느 부위든 닿을 수 있다.

9.2.2 선수는 볼을 잡거나 던져서는 안 된다. 볼은 어느 방향으로든 리바운드 할 수 있다.

9.2.3 볼은 신체 여러 부위에 닿을 수 있다. 다만, 그 접촉은 동시적으로 발생해야 한다. 예외:

9.2.3.1 블로킹에서, 접촉이 한 동작으로 일어난 것이라면 한 명 또는 그 이상의 블로커가 연속적으로 접촉해도 무방하다.

9.2.3.2 팀의 첫 타구에서, 한 동작으로 볼에 접촉하는 경우라면 볼이 신체 여러 부위에 연속적으로 닿아도 무방하다.

9.3 볼 플레이 동안의 반칙

9.3.1 포 히트: 한 팀이 볼을 상대편으로 보내기 전에 4번 타구하는 행위

9.3.2 어시스트 히트: 선수가 경기지역 내에서 볼을 타구하기 위해 팀원이나 구조물/물체의 도움을 받는 행위

9.3.3 캐치: 볼을 잡거나 던지는 행위. 이러한 타구에 의한 리바운드는 허용되지 않는다.

9.3.4 더블 컨택: 한 명의 선수가 연속하여 볼을 두 번 치거나 볼이 연속적으로 선수의 신체 여러 부위에 닿는 행위

10. 네트 근처의 볼

10.1 네트를 통과하는 볼

10.1.1 상대편 코트로 넘기는 볼은 통과허용공간 내 네트 위로 넘겨져야 한다. 통과허용공간은 네트의 수직면 부분으로서 그 경계는 다음과 같다.

10.1.1.1 아래로는 네트상단

10.1.1.2 양옆으로는 안테나와 그 연장선상

10.1.1.3 위는, 천장까지

10.1.2 바깥쪽 공간을 완전히 또는 부분적으로 지나 네트 수직면을 통과한 후 상대편 자유지역으로 넘어간 볼은 다음과 같은 경우에 한하여 자기 팀 코트로 되돌려 플레이할 수 있다.

10.1.2.1 선수가 상대편 코트를 밟지 않은 경우

10.1.2.2 볼을 되돌려 플레이할 때, 볼이 같은 측면의 바깥쪽 공간을 완전히 또는 부분적으로 통과하는 경우. 상대편은 이러한 동작을 방해할 수 없다.

10.1.3 네트 아래 공간을 통해 상대편 코트를 넘어가는 볼은 네트의 수직면을 완전히 통과하는 순간까지는 '인 플레이'로 간주한다.

10.2 네트에 닿는 볼

네트를 통과하는 동안에는 볼이 네트에 닿아도 된다.

10.3 네트로 들어간 볼

10.3.1 네트로 꽂힌 볼은 팀의 3회 타구 한도 내에서 플레이 할 수 있다.

10.3.2 볼로 인하여 네트 그물이 찢어지거나 아래로 처지는 경우 해당 랠리를 취소한 후 랠리를 다시 진행한다.

IV. 배구경기 규칙

11. 네트 근처의 선수

11.1 네트를 넘어가는 것

11.1.1 블로킹할 때, 상대편의 공격타구 전 또는 공격타구 동안 상대편 플레이를 방해하지 않는다면 선수는 네트를 넘어서 볼을 접촉할 수 있다.

11.1.2 공의 타구가 자기 팀 경기공간 내에서 이루어졌다면, 공격타구 후 선수의 손이 네트를 넘어가는 것은 허용된다.

11.2 네트 아래 침범

11.2.1 상대편 경기를 방해하지 않는다면, 네트 아래 상대편 공간을 침범하는 것은 허용된다.

11.2.2 센터라인을 넘어 상대편 코트로 침범

11.2.2.1 침범한 발의 일부가 센터라인에 닿은 상태이거나 센터라인 바로 위에 놓인 경우, 그리고 이러한 행동이 상대편 플레이를 방해하지 않는다면 발이 상대편 코트에 닿는 것은 허용된다.

11.2.2.2 상대편 경기에 방해되지 않는 한, 발 위쪽 어느 부분이든 상대편 코트에 닿는 것은 허용된다.

11.2.3 선수는 볼이 '아웃 오브 플레이' 된 후에는 상대편 코트로 들어갈 수 있다.

11.2.4 선수들은 상대편 경기를 방해하지 않는 한 상대편 자유지역을 침범할 수 있다.

11.3 네트 접촉

11.3.1 볼 플레잉 동작을 하는 동안 선수가 두 안테나 사이의 네트에 접촉하는 것은 반칙이다.
볼 플레잉 동작에는 도약, 타구(또는 시도), 안전한 착지, 그리고 새로운 동작을 위한 준비 등이 포함된다.

11.3.2 선수들은 플레이에 방해되지 않는다면 지주, 로프, 또는 네트를 포함하여 안테나 밖의 다른 물체에 닿아도 된다.(규칙 9.1.3 제외)

11.3.3 볼이 네트에 꽂히면서 상대편 선수에 닿은 경우는 반칙으로 간주하지 않는다.

11.4 네트 근처의 선수의 반칙

11.4.1 선수가 상대편의 공격타구 전 또는 공격타구 동안 상대편 공간에서 상대편 선수나 볼을 터치하는 경우

11.4.2 선수가 네트 아래 상대편의 공간을 침범하여 상대편 플레이를 방해하는 경우

11.4.3 선수의 발이 상대편 코트를 완전히 침범하는 경우

11.4.4 선수가 플레이를 방해하는 경우 (예):
- 볼 플레이를 하다가 안테나 또는 양쪽 안테나 사이의 네트에 닿는 경우
- 두 안테나 사이의 네트를 지지하거나 균형을 잡기위한 도구로 사용하는 경우
- 네트에 접촉함으로써 상대편보다 부당하게 유리한 상황을 만드는 경우
- 상대편의 정상적인 볼 플레이 시도를 방해하는 동작을 하는 경우
- 네트를 잡거나 네트에 매달리는 경우

볼 가까이에 있는 선수와 볼 플레이를 시도하는 선수는 볼과 접촉이 없더라도 볼 플레잉 동작을 하는 것으로 간주한다.

다만, 안테나 바깥쪽 네트에 닿는 것은 반칙으로 간주하지 않는다. (규칙 9.1.3 제외)

12. 서비스

서비스는 후위 우측 선수가 서비스지역에서 볼이 인 플레이 상태가 되도록 타구하는 행위이다.

Ⅳ. 배구경기 규칙

12.1 세트의 첫 서비스

12.1.1 첫 세트와 최종 다섯 번째 세트에서는 토스에 의해 결정된 팀이 첫 서비스를 실행한다.

12.1.2 그 외 다른 세트에서는 이전 세트에서 첫 서브를 하지 않은 팀의 서비스로 시작된다.

12.2 서비스 순서

12.2.1 선수들은 라인업용지에 기재된 서비스 순서를 따라야 한다.

12.2.2 세트의 첫 서비스 실행 후에는 서브할 선수를 다음과 같이 결정한다.

12.2.2.1 서빙팀이 랠리에서 이긴 경우에는 직전에 서브한 선수(또는 교대선수)가 다시 서브한다.

12.2.2.2 리시빙팀이 랠리에서 이긴 경우에는 리시빙팀이 서브권을 획득하며 서브를 실행하기 전에 로테이션으로 선수위치를 바꾼다. 전위 우측에서 후위 우측으로 이동한 선수가 서브한다.

12.3 서비스 허가

주심은 양 팀의 플레이 준비와 서버가 볼을 소유했는지 여부를 확인한 후 서비스를 허가한다.

12.4 서비스 실행

12.4.1 볼을 손(양손)에서 놓거나 던진 후에 한 손 또는 팔의 어느 부위로든 타구한다.

12.4.2 토스는 한 번만 허용된다. 손으로 볼을 드리블하거나 움직이는 것은 허용된다.

12.4.3 서비스 타구 또는 점프 서비스를 위해 도움닫기를 할 때 서버는 코트(엔드라인 포함)나 서비스지역 밖의 바닥을 밟아서는 안 된다.
타구 후 서버는 서비스지역 밖이나 코트 안을 밟거나 착지할 수 있다.

배구, 이렇게 하면 된다

12.4.4 서버는 주심의 서비스 허가 휘슬 후 8초 이내에 볼을 타구해야한다.

12.4.5 주심이 휘슬을 불기 전에 실행한 서비스는 취소되며 다시 실행한다.

12.5 스크린

12.5.1 서빙팀 선수들은 개인 또는 집단 스크린으로 상대편이 서비스 타구나 볼의 진행방향을 보는 것을 방해해서는 안된다.

12.5.2 서비스를 실행하는 동안 서빙팀의 한 선수나 여러명의 선수들이 팔을 흔들거나, 점프하거나, 또 옆으로 움직이거나 또는 그룹으로 서 있음으로서 스크린을 형성하게 된다.
그렇게 해서 볼이 네트의 수직면에 도달할 때까지 서비스 타구와 볼의 진행방향을 숨기는 것이다. 둘 중 하나가 리시빙팀에게 보이면 스크린이 아니다.

12.6 서비스 동안 이루어지는 반칙

12.6.1 서빙 반칙

다음과 같은 반칙을 범한 경우에는 상대편이 위치를 위반했다고 하더라도 상대편에 서비스를 넘겨주어야 한다. 서버가:

12.6.1.1 서비스 순서를 위반한 경우

12.6.1.2 서비스를 적절하게 실행하지 못한 경우

12.6.2 서비스 타구 후 반칙

다음과 같은 경우에는 볼이 정확하게 타구된 후라도 서비스는 반칙으로 간주된다 (선수가 위치반칙을 하지 않은 경우) 볼이:

12.6.2.1 서빙팀 선수에게 닿거나 완전하게 통과 허용공간을 통하여 네트 수직면을 지나가지 못한 경우

12.6.2.2 "아웃"된 경우

12.6.2.3 스크린 위를 지나간 경우

12.7 서빙 반칙과 위치반칙

12.7.1 서버가 서비스 타구를 하는 순간에 반칙(부적절한 실행, 잘못된 로테이션 순서 등)을 하고 상대편은 위치 위반을 한 경우, 제재는 서빙 반칙에 부과된다.

12.7.2 반면에 서비스는 바르게 실행했으나 이후 서비스 반칙(아웃, 스크린 위 통과 등)이 발생한 경우에는 상대편의 위치반칙이 먼저 발생했으므로 제재는 위치 반칙에 부과된다.

13. 공격타구

13.1 공격타구의 특성

13.1.1 서비스와 블록을 제외하고, 상대편 방향으로 볼을 보내는 모든 행위는 공격 타구로 간주한다.

13.1.2 공격타구를 하는 동안 볼을 잡거나 던지지 않고 깨끗하게 타구한 경우에 한 하여 티핑 (tipping: 가볍게 툭 치는 것)이 허용된다.

13.1.3 공격타구는 볼이 네트 수직면을 완전히 통과하거나 상대편에 의해 접촉되는 순간 완료된다.

13.2 공격타구의 제한

13.2.1 전위 선수는 볼이 자기 팀 경기공간 내에 있는 한, 어떠한 높이에서든 공격 타구를 완료할 수 있다 (규칙 13.2.4와 13.3.6 제외).

13.2.2 후위선수는 어택라인 뒤에서는 어떠한 높이에서든 공격타구를 완료할 수 있다.

13.2.2.1 후위선수는 도약 시 발이 어택라인을 접촉하거나 넘어가서는 안된다.

13.2.2.2 후위선수는 타구 후 전위지역내에 착지해도 된다.

13.2.3 후위선수도 접촉하는 순간 볼의 일부가 네트상단 보다 아래에 있다면 전위 지역내에서 공격타구를 완료할 수 있다.

13.2.4 상대편이 서비스한 볼이 전위지역 내에서 네트상단 보다 완전히 위에 있는 경우에는 어떠한 선수도 공격타구를 완료할 수 없다.

13.3 공격타구 반칙

13.3.1 선수가 상대팀의 경기공간 내에서 볼을 타구하는 경우

13.3.2 선수가 타구한 볼이 "아웃"되는 경우

13.3.3 후위선수가 네트상단 보다 완전히 높은 곳에 있는 볼을 전위지역내에서 공격타구를 완료한 경우

13.3.4 선수가 상대편이 서비스한 볼이 네트상단보다 완전히 높이 있는 상태에서 전위지역 내에서 공격타구를 완료한 경우

13.3.5 리베로가 볼이 네트상단 보다 완전히 높이 있는 상태에서 공격타구를 완료한 경우

13.3.6 리베로가 전위지역내에서 오버핸드 패스로 올린 볼을 다른 선수가 네트상단 보다 높은 위치에서 공격 타구를 완료한 경우

14. 블록

14.1 블로킹

14.1.1 블로킹은 네트 가까이에 있는 선수들이 볼 접촉 높이와 무관하게 네트상단 보다 높게 손을 뻗어 상대편으로부터 넘어오는 볼을 차단하는 동작을 말한다. 전위선수들만 블록을 완료할 수 있으며 볼과 접촉하는 순간 신체의 일부가 네트상단 보다 높이 있어야 한다.

14.1.2 블록블록 시도는 볼 접촉없이 블로킹하는 동작을 말한다. 시도

14.1.3 완료된 블록
블록은 볼이 블로커에 의해 접촉될 때 완료된다.

Ⅳ. 배구경기 규칙

14.1.4 집단 블록

집단 블록은 서로 가까이에 있는 2명 내지 3명의 선수들이 실행하며 이들 중 한 명이 볼을 접촉할 때 완료된다.

14.2 블록 접촉

연속적인 (빠르고 계속적인) 볼 접촉은 그 접촉이 한 동작으로 이루어진 경우라면 한 명 또는 그 이상의 블로커가 실행할 수 있다.

14.3 상대편 공간 내에서의 블로킹

블로킹에 있어서 선수는 블로킹 동작이 상대편 플레이에 방해가 되지 않는다면 네트를 넘어 손이나 팔이 네트를 넘어갈 수 있다. 따라서 상대팀이 공격 타구를 실행하기 전 네트를 넘어 볼을 접촉하는 것은 허용되지 않는다.

14.4 블록과 팀 타구

14.4.1 블록 접촉은 팀 타구로 간주하지 않는다. 따라서 팀은 블록 접촉 후 3회 타구를 실행한 후 볼을 되돌려 보낼 수 있다.

14.4.2 블록 후 이루어지는 첫 타구는 블록 시 볼을 접촉했던 선수를 포함하여 어떠한 선수든 실행할 수 있다.

14.5 서비스 블로킹

상대편 서비스를 블로킹하는 것은 금지한다.

14.6 블로킹 반칙

14.6.1 블로커가 상대팀 공격타구 전에 상대편 공간 안에서 볼을 접촉하는 것

14.6.2 후위선수나 리베로가 블록을 완료하거나 완료된 블록에 참가하는 경우
14.6.3 상대편 서비스를 블로킹 하는 경우
14.6.4 블록된 볼이 "아웃"되는 경우
14.6.5 안테나 바깥쪽 상대편 공간에서 볼을 블로킹하는 경우
14.6.6 리베로가 개인 또는 집단 블록을 시도하는 경우

Ⅳ. 배구경기 규칙

[제5장] 경기 중단, 세트간 휴식과 지연

15. 경기중단

경기 중단이란 하나의 랠리가 완료된 이후부터 주심이 다음 서비스를 위한 휘슬을 불때까지의 시간을 말한다.

타임아웃과 선수교대만 정규적인 경기중단으로 간주된다.

15.1 정규적인 경기중단 횟수

각 팀은 세트당 2회의 타임아웃과 6회의 선수교대를 요구할 수 있다.

15.2 정규적인 경기중단 연속

15.2.1 각 팀은 같은 경기중단 내에 타임아웃은 1회 또는 2회, 선수교대는 1회 요구할 수 있다.

15.2.2 다만, 한 팀이 같은 경기중단 동안에 선수교대를 연속하여 요구할 수는 없다. 같은 요구동안 2명 또는 그 이상의 선수들을 동시에 교대할 수는 있다.

15.2.3 한 팀이 별도로 요구하는 두 번의 선수교대요구 사이에는 반드시 한 번의 완료된 랠리가 있어야 한다. (예외: 부상이나 퇴장/자격박탈에 의한 강제적인 교대(5.5.2, 15.7, 15.8))

15.2.4 같은 경기중단 동안 요구가 거절되고 경기지연의 경고제재가 가해진 후에는 어떠한 정규적인 경기중단(타임아웃과 선수교대)의 요구도 허락하지 않는다. (즉, 다음의 완료된 랠리가 끝나기 이전)

15.3 정규적인 경기중단 요청

15.3.1 정규적인 경기중단은 감독 또는 감독의 부재 시에는 코치와 경기 주장만이 요구할 수 있다.

15.3.2 세트 시작 전 선수교대는 허용되며 이는 해당 세트의 정규적인 선수교대로 기록된다.

15.4 타임아웃

15.4.1 타임아웃 요청은 볼이 아웃 오브 플레이 상태일 때 그리고 서비스휘슬을 불기 전에 공식적인 핸드 시그널을 보여줌으로써 이루어진다. 요청된 모든 타임아웃은 30초 동안 지속된다.

FIVB, 세계 및 공식대회의 경우, 타임아웃의 시간제한은 조직위로부터 요구에 근거한 그런 비슷한 요구를 FIVB가 승인한다면 조정될 수 있다.

FIVB, 세계 그리고 공식대회에서, 부저를 사용하고 나서 타임아웃 요청을 위한 핸드시그널을 사용하는 것은 의무적이다.

15.4.2 경기 중인 선수들은 타임아웃 동안 자기 팀 벤치 근처 자유지역으로 이동해야 한다.

15.5 선수교대

15.5.1 선수교대란 기록원에 의해 기록된 선수가 코트에서 나오는 선수위치로 교체되어 들어가는 행위를 말하며 리베로 또는 리베로 대체선수는 선수교대에 해당되지 않는다.

15.5.2 경기 중 선수 부상으로 인해 선수교대를 해야하는 경우 감독 (또는 경기 주장)은 선수교대 공식 핸드 시그널을 보여주어야 한다.

Ⅳ. 배구경기 규칙

15.6 선수교대 제한

15.6.1 선발 라인업 선수는 세트당 한번 교대되어 나갔다 다시 들어올 수 있으며 다시 들어올 때는 라인업 용지에 기재된 원래 위치로 복귀해야 한다.

15.6.2 교대선수는 세트당 한 번 선발 라인업 선수위치로 들어갈 수 있으며 반드시 동일한 선발 선수와 교대할 수 있다.

15.7 예외적인 선수교대

부상/질병, 혹은 세트 퇴장/자격 박탈로 경기를 계속할 수 없는 선수(리베로 제외)는 합법적으로 교대되어야 한다. 만약 이것이 불가능하다면, 팀은 규칙 15.6의 제한을 넘어 예외적인 선수교대를 할 수 있다.

예외적인 선수교대란 부상/질병/세트 퇴장/자격 박탈 발생 순간에 코트에 있지 않은 선수(리베로, 제2리베로, 정규의 대체선수 제외)가 부상/질병/퇴장/자격 박탈당한 선수를 대신해서 경기에 들어가는 것을 말한다. 부상/질병/퇴장으로 교대된 선수는 경기에 다시 들어갈 수 없다.

예외적인 선수교대는 정규적인 선수교대로 간주하지 않는다. 다만, 경기기록지에 세트와 경기의 총 선수교대 횟수의 일부로 기록된다.

15.8 퇴장 및 자격박탈에 의한 선수교대

퇴장 또는 자격 박탈된 선수는 합법적인 선수교대를 통해 즉시 교대가 이루어져야 한다. 이러한 교대가 불가능한 경우 해당 팀은 예외적인 선수교대를 할 권리가 있다. 만약 이것이 불가능하다면, 그 팀은 불완전한 팀으로 선언된다.

15.9 불법적인 선수 교대

15.9.2 팀이 불법적인 교대를 시행한 후 경기가 재개된 경우에는 다음과 같은 절차를 순서대로 적용해야 한다.

배구, 이렇게 하면 된다

15.9.2.1 해당 팀에 대한 벌칙으로 상대편에게 1점과 서브권을 준다.

15.9.2.2 교대를 수정한다.

15.9.2.3 반칙팀이 반칙 후 불법으로 획득한 점수는 취소된다. 상대편 점수는 그대로 유지된다.

15.10 선수교대 절차

15.10.1 선수교대는 선수교대지역 내에서 이루어져야 한다.

15.10.2 선수교대에는 선수들의 교대를 허용하고 경기기록지에 교대 사실을 기록하는데 필요한 시간만 주어진다.

15.10.3.1 실질적인 선수교대 요구는 경기중단 동안에 교대할 선수가 경기할 준비를 하고 선수교대지역으로 들어가는 순간에 시작된다. 부상으로 인한 선수교대 또는 세트 시작 전 선수교대가 아니라면 감독은 선수교대 핸드시그널을 제시할 필요가 없다.

15.10.3.2 요구 순간에 선수가 준비되지 않은 경우, 선수교대가 허용되지 않으며 해당 팀은 경기지연에 따른 제재를 받는다.

15.10.3.3 선수교대 요구는 기록원의 부저 또는 부심의 휘슬로써 각각 알려지고 승인된다. 부심은 선수교대를 허가한다.
FIVB 세계대회 및 공식 대회에서 번호판이 교대 장비로 사용된다.(기록원에게 자료를 보내기 위한 전자장치를 사용할 때 제외)

15.10.4 팀이 한 명 이상의 선수들을 동시에 교대하고자 하는 경우, 교대선수 모두 동시에 선수교대 지역으로 입장해야 하며 이들 교대는 동일한 요구로 간주된다. 이 경우, 선수교대는 한 번에 한 조씩 순차적으로 이루어져야 한다. 한 조가 불법적인 교대인 경우, 나머지 정당한 교대(들)는 허가하되 불법적인 교대는 거부한 후 지연 제재를 부과한다.

15.11 부당한 요구

15.11.1 다음에 해당되는 경우 경기중단 요구는 부당한 것으로 간주한다.

15.11.1.1 랠리 중 또는 서브 휘슬을 부는 순간이나 그 후에 요구하는 경우

15.11.1.2 권한이 없는 팀원이 요구하는 경우

15.11.1.3 경기 중인 선수의 부상/질병/세트 퇴장/자격 박탈의 경우는 제외하고, 같은 경기중단 동안 같은 팀이 두 번째 선수교대를 요구하는 경우(즉, 다음의 랠리가 종료되기 전).

15.11.1.4 타임아웃과 선수교대의 허용 횟수를 모두 사용한 후 요구하는 경우

15.11.2 첫 번째 부당한 요구가 경기에 영향을 주지 않거나 경기를 지연시키지 않은 경우에는 해당 요구를 거절한 후 다른 결과 없이 기록지에 기록한다.

15.11.3 같은 팀이 추가적으로 부당한 요구를 하는 경우 해당 요구 모두 경기지연으로 간주한다

16. 경기 지연

16.1 지연의 형태

경기 속행을 늦추는 팀의 부당한 행위는 지연에 해당하며, 다음의 경우가 포함된다.

16.1.1 정규적인 경기중단을 지연시키는 행위

16.1.2 경기속행 지시 이후에도 경기중단을 지속시키는 행위

16.1.3 불법적인 교대를 요구하는 행위

16.1.4 부당한 요구를 반복하는 행위

16.1.5 팀원이 경기를 지연하는 행위

16.2 지연 제재

16.2.1 "지연 경고"와 "지연 벌칙"은 팀에 대한 제재결과이다.

16.2.1.1 지연 제재는 경기 내내 유효하다.

16.2.1.2 모든 지연 제재는 경기기록지에 기재된다.

16.2.2 팀원에 의한 첫 번째 경기지연에는 "지연 경고" 제재가 주어진다.

16.2.3 같은 경기에서 같은 팀의 팀원에 의한 두 번째와 그 이후의 지연은 모두 반칙으로 간주하며 "지연 벌칙"의 제재가 주어지고, 상대편에 1점과 서브권을 준다.

16.2.4 세트 시작 전이나 세트 사이에 부과된 지연 제재는 다음 세트에 적용된다.

17. 예외적인 경기중단

17.1 부상/질병

17.1.1 볼이 인 플레이 상태일 때 심각한 사고가 발생한 경우 심판은 즉시 경기를 중단하고 코트에 의료진이 들어가도록 허용한다.
이후 랠리를 다시 시작한다.

17.1.2 부상/질병 있는 선수를 합법적으로 또는 예외적으로 교대시킬 수 없는 경우 해당 선수에게 3분간의 회복시간을 허용하되, 동일한 선수에게 한 경기에서 한 번 이상은 허용하지 않는다. 선수가 회복되지 않는 경우 해당 팀은 불완전 팀으로 선언된다.

17.2 외부적 방해

경기 도중 외부로부터 방해가 있는 경우 경기는 중단되어야 하며 이후 랠리를 다시 진행한다.

Ⅳ. 배구경기 규칙

17.3 경기중단의 연장

17.3.1 예기치 못한 상황으로 경기가 중단되는 경우 주심, 주최기관 및 관리위원회 (해당되는 경우)는 경기 정상화 방안을 결정해야 한다.

17.3.2 1회 또는 여러 번의 경기중단이 총 4시간을 초과하지 않을 경우

17.3.2.1 경기가 동일한 코트에서 재개될 경우, 중단되었던 세트는 동일한 점수, 동일한 선수(퇴장 또는 자격박탈 선수 제외), 그리고 동일한 위치에서 정상적으로 계속되어야 한다. 이미 진행된 세트의 점수는 유지된다.

17.3.2.2 경기가 다른 코트에서 재개될 경우, 도중에 중단되었던 세트는 취소되며 동일한 팀원과 선발 라인업 (퇴장 또는 자격박탈 선수 제외)으로 경기를 다시 진행하며 제재 관련 기록은 모두 유지된다. 이미 완료된 세트의 점수는 그대로 유지된다.

17.3.3 1회 또는 여러번 이루어진 경기중단이 총 4시간을 초과하는 경우에는 전체 경기를 다시 진행한다.

18. 세트 간 휴식 및 코트 교대

18.1 세트 간 휴식

휴식시간은 세트와 세트 사이의 시간을 말한다. 모든 세트 간 휴식시간은 3분간 지속된다. 이 시간에 코트 교대와 경기기록지에 팀 라인업을 기록한다. 2세트와 3세트 사이의 휴식은 조직위의 요구에 따라 10분까지 연장될 수 있다.

18.2 코트 교대

18.2.1 팀은 최종 세트를 제외하고 매 세트 후 코트를 바꾼다.

18.2.2 최종 세트에서는 앞선 팀이 8점에 도달하면 지체없이 코트를 바꾸며 선수 위치는 그대로 유지한다.

8점에 도달한 후 코트의 교대가 이루어지지 않은 경우에는 실수를 인지한 즉시 교대를 실행한다. 교대할 때의 점수는 동일하게 유지된다.

배구, 이렇게 하면 된다

[제6장] 리베로 선수

19. 리베로 선수

19.1 리베로 선수의 지명

19.1.1 각 팀은 경기기록지 선수명단에서 수비전담선수를 2명까지 지명할 권리를 갖는다.

FIVB, 세계 및 공식 성인대회에서는 팀의 경기기록지에 선수가 12명보다 많이 기재된 경우에는 선수 명단에서 2명의 리베로를 의무적으로 지명해야 한다.

19.1.2 모든 리베로는 경기기록지의 리베로를 위한 특별란에 기록되어야 한다.

19.1.3 코트에 있는 리베로가 활동 리베로이다. 또 다른 리베로가 있는 경우 팀의 제2리베로가 된다.

코트에는 언제든지 단 한 명의 리베로만 있을 수 있다.

19.2 복장

리베로는 팀의 다른 선수들의 유니폼 색상과 확연하게 다른 색상의 유니폼(또는 재지명된 리베로를 위한 상의재킷/가슴받이)을 착용해야 한다. 두 명의 리베로는 서로 다른 유니폼을 입을 수 있고, 팀의 나머지 선수들과도 다른 유니폼을 입을 수 있다.

리베로 유니폼은 팀의 다른 선수들과 마찬가지로 번호가 부착되어 있어야 한다. FIVB, 세계 그리고 공식대회에서는 재지명된 리베로는 가급적 원래의 리베로와 동일한 스타일과 색상의 상의를 입어야 하며 자신의 고유 번호를 부착해야 한다.

Ⅳ. 배구경기 규칙

19.3 리베로 관련 행동

19.3.1 경기 중 행동

19.3.1.1 리베로는 후위에 있는 어떠한 선수와도 대체할 수 있다.

19.3.1.2 리베로는 후위선수로서만 경기할 수 있으며 볼을 접촉하는 순간 볼이 네트 상단보다 완전히 위에 있는 경우에는 어디에서도 경기코트와 자유지역 포함) 공격타구를 완료할 수 없다.

19.3.1.3 리베로는 서브, 블록 또는 블록 시도를 할 수 없다.

19.3.1.4 리베로가 전위지역에서 손가락을 이용한 오버핸드 패스로 올린 볼이 네트 상단보다 완전히 높이 있는 경우 어떠한 선수도 공격타구를 완료할 수 없다. 리베로가 같은 동작을 전위지역 바깥에서 수행한 경우에는 해당 볼을 자유롭게 공격할 수 있다.

19.3.2 리베로대체

19.3.2.1 리베로대체는 선수교대로 간주하지 않는다. 리베로대체는 횟수에는 제한이 없으나 두 번의 리베로대체 사이에는 반드시 한 번의 완료된 랠리가 있어야 한다 (벌칙에 의한 팀 로테이션으로 인해 리베로가 위치 4로 이동하거나 활동 리베로가 경기를 할 수 없게 되어 랠리가 완료되지 못한 경우는 예외).

19.3.2.2 정규의 대체선수는 어떤 리베로든 대체할 수 있다. 활동리베로는 정규의 대체선수 또는 제2리베로에 의해서만 교체될 수 있다.

19.3.2.3 각 세트를 시작할 때, 리베로는 부심이 라인업을 확인하고 선발 선수와의 리베로대체를 허락하기 전에는 코트에 들어갈 수 없다.

19.3.2.4 다른 리베로대체는 볼이 아웃 오브 플레이인 상태에서 그리고 서비스 휘슬 전에 이루어져야 한다.

19.3.2.5 서비스 휘슬은 불었지만 서비스 타구 전에 이루어진 리베로대체는 거절되지 않아야 한다. 다만, 랠리 종료 후 경기 주장에게 그러한 절차는 허용되지 않으며 반복될 시 지연 제재의 대상이 된다는 사실을 알려야 한다.

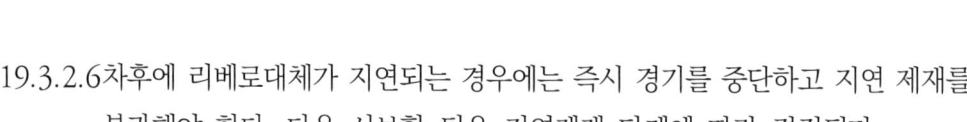

19.3.2.6 차후에 리베로대체가 지연되는 경우에는 즉시 경기를 중단하고 지연 제재를 부과해야 한다. 다음 서브할 팀은 지연제재 단계에 따라 결정된다.

19.3.2.7 리베로와 리베로대체선수는 "리베로대체지역"을 통해서만 코트에 들어가거나 나갈 수 있다.

19.3.2.8 리베로대체는 리베로 기록지(해당될 경우) 또는 전자기록지에 기록한다.

19.3.2.9 다음과 같은 경우는 불법적인 리베로대체에 해당된다.
- 리베로대체 사이에 완료된 랠리가 없는 경우
- 리베로가 정규의 대체선수 또는 제2리베로가 아닌 선수로 대체된 경우 불법적인 리베로대체는 불법적인 선수교대와 같은 방법으로 처리해야 한다. 즉, 불법적인 리베로대체가 다음 랠리 시작 전에 발견된 경우에는 심판들이 이를 정정하고, 해당팀은 지연 제재를 받는다.
불법적인 리베로대체가 서비스 타구 후에 발견된 경우에는 불법적인 선수교대와 동일한 방식으로 처리한다.

19.4 신규 리베로 재지명

19.4.1 리베로가 부상을 입었거나 질병, 퇴장, 또는 자격박탈로 경기를 할 수 없게 되는 경우. 감독 또는 감독의 부재 시 경기 주장은 어떠한 이유로든 리베로가 경기를 수행할 수 없다고 선언할 수 있다.

19.4.2 리베로가 한 명인 팀

19.4.2.1 규칙 19.4.1에 따라 팀에 리베로가 단 한 명만 있거나 한 명의 리베로만 등록된 팀에서 리베로가 경기를 수행할 수 없다고 선언되는 경우 감독 (또는 감독 부재 시 경기 주장)은 재지명 순간에 코트에 있지 않은 선수들 (대체선수는 제외) 중 한 명을 남은 경기의 새로운 리베로로 재지명할 수 있다.

19.4.2.2 경기를 수행할 수 없는 활동리베로는 정규의 대체선수 또는 재지명된 리베로에 의해 즉시 대체될 수 있다. 단, 재지명 대상인 리베로는 남은 경기 동안 경기를 수행할 수 없다.

IV. 배구경기 규칙

코트에 없는 리베로에 대해 경기불가가 선언되는 경우 해당 리베로 또한 재지명 대상이 된다. 경기를 할 수 없다고 선언된 리베로는 남은 경기 동안 경기를 수행할 수 없다.

19.4.2.3 감독 또는 감독 부재 시 경기 주장은 부심에게 리베로 재지명에 대해 알려야 한다.

19.4.2.4 재지명된 리베로가 경기를 수행할 수 없게 되거나 수행할 수 없는 것으로 선언되는 경우 추가적인 재지명이 허용된다.

19.4.2.5 만약 감독이 팀 주장을 새로운 리베로 재지명을 요구하는 경우, 그러한 요구는 허용된다.

19.4.2.6 리베로로 재지명된 선수의 번호는 경기기록지 비고란과 리베로 기록지 (또는 해당되는 경우 전자기록지)에 기록해야 한다.

19.4.3 리베로가 두 명인 팀

19.4.3.1 팀이 기록지에 두 명의 리베로를 등록했으나 그중 한 명이 경기를 할 수 없다면 팀은 한 명의 리베로로 경기를 수행할 권리를 갖는다. 남은 리베로가 경기를 계속할 수 있는 경우 재지명은 허용되지 않는다.

19.3 요약

퇴장 또는 자격박탈이 된 리베로는 팀의 제2리베로로 즉시 교체될 수 있다. 리베로가 단 한 명만 있는 팀은 리베로를 재지명할 권리를 갖는다.

제7장 참가자의 행위

20. 행위 요건

20.1 스포츠맨다운 행위

20.1.1 경기 참가자는 "배구규칙"을 숙지하고 준수해야 한다.

20.1.2 경기 참가자는 스포츠맨다운 행동으로 심판의 결정을 이의 없이 받아들여야 한다.
납득할 수 없을 경우에는 경기 주장을 통해서만 설명을 요구할 수 있다.

20.1.3 경기 참가자는 심판의 결정에 영향을 끼치거나 자기 팀이 범한 반칙을 은폐하기 위한 의도의 행동이나 태도를 보여서는 안된다.

20.2 공정한 경기

20.2.1 경기 참가자는 심판뿐 아니라 다른 임원, 상대편, 동료 및 관람객들에게 페어플레이 정신에 입각하여 공손하고 예의 바르게 행동해야 한다.

20.2.2 경기 중 팀원과의 대화는 허용된다.

21. 불법행위와 제재

21.1 가벼운 불법행위

가벼운 불법행위는 제재 대상이 아니다. 팀들이 제재 수준에 이르지 않도록 경고하는 것이 주심의 의무이다.
제재는 두 단계로 진행된다.

IV. 배구경기 규칙

1단계: 경기 주장을 통해 구두경고 전달
2단계: 해당 팀원에게 노란카드 제시

이러한 공식적인 경고는 그 자체로는 제재가 아니지만 팀원(그리고 팀)이 제재 수준에 도달했음을 상징하는 것이다. 이러한 경고는 기록지에 기록하나 즉각적인 결과는 없다.

21.2 제재 대상 불법행위

임원진, 상대편, 팀 동료 또는 관람객을 향한 팀원의 부적절한 행위는 그 위반의 심각성에 따라 3가지 범주로 분류된다.

21.2.1 무례한 행위: 예의나 도덕성에 어긋나는 행동

21.2.2 공격적인 행위: 명예를 손상하거나 모욕적인 말과 행동 또는 모욕적인 표현을 하는 모든 행동

21.2.3 폭력적인 행위: 실질적인 신체공격 또는 공격적이거나 위협적인 행동

21.3 제재 유형

주심의 판단 및 위반의 심각성 정도에 따라 제재가 적용되며 경기기록지에 기록된다.
벌칙, 퇴장 또는 자격박탈

21.3.1 벌칙
경기 중 선수가 범한 최초의 무례한 행위에는 상대편에게 1점과 서비스권을 주는 벌칙이 주어진다.

21.3.2 퇴장

21.3.2.1 퇴장 제재를 받은 팀원은 남은 세트 동안은 경기할 수 없으며, 다른 결과 없이 진행 중인 세트가 완료될 때까지 팀의 탈의실로 가야 한다. 퇴장당한 감독은 해당 세트에 개입할 수 있는 권리를 상실하고 진행 중인

세트가 완료될 때까지 팀의 탈의실로 가야 한다.

21.3.2.2 팀원이 범한 최초의 공격적인 행위에는 다른 결과 없이 퇴장 제재가 주어진다.

21.3.2.3 동일한 경기에서 동일한 팀원이 범한 두 번째 무례한 행위에는 다른 결과 없이 퇴장 제재가 주어진다.

21.3.3 자격박탈

21.3.3.1 자격박탈 제재를 받은 팀원이 코트에 있는 경우 즉시 그리고 합법적/예외적으로 교체되어야 하며 다른 결과 없이 남은 경기 동안 팀의 탈의실로 가야 한다.

21.3.3.2 첫 번째 신체공격 또는 암시적이거나 위협적인 폭력행위에는 다른 결과 없이 자격박탈의 제재가 주어진다.

21.3.3.3 동일한 경기에서 동일한 팀원이 범한 두 번째 공격적인 행위에는 다른 결과 없이 자격박탈의 제재가 주어진다.

21.3.3.4 동일한 경기에서 동일한 팀원이 범한 세 번째 무례한 행위에는 다른 결과 없이 자격박탈의 제재가 주어진다.

21.4 불법행위 제제의 적용

21.4.1 불법행위에 대한 모든 제재는 개인에 대한 제재이며 경기 내내 유효하고 경기 기록지에 기록된다.

21.4.2 동일한 경기에서 동일한 팀원이 반복적으로 불법행위를 범하는 경우 제재가 누진적으로 부과된다 (팀원이 위반할 때마다 더 엄중한 제재를 받는다).

21.4.3 공격적인 행위나 폭력적인 행위로 인한 퇴장 및 자격 박탈은 이전의 제재와는 무관하게 부과된다.

21.4.4 퇴장 또는 자격박탈이 부과된 팀원은 경기장을 떠나야 한다(단, 국내경기에서 팀의 탈의실이 없는 경우).

Ⅳ. 배구경기 규칙

21.5 세트 전 또는 세트 사이에 발생한 불법행위

세트 시작 전이나 세트와 세트 사이에 발생한 불법행위에는 규칙 21.3에 따른 제재가 적용되며, 해당 제재는 다음 세트에 적용된다.

21.6 불법행위와 카드 사용 요약

경고: 제재없음 -
단계 1 : 구두경고
단계 2 : 노란카드 제시
벌칙: 제재 - 빨강카드 제시
퇴장: 제재 - 빨강카드 + 노란카드를 동시에 제시
자격박탈: 제재 - 빨강카드와 노란카드 양손에 따로 제시

[제8장] 심판진

22. 심판팀과 절차

22.1 구성

한 경기 진행을 위한 심판팀은 다음과 같이 구성된다.
- 주심
- 부심
- 비디오판독심판
- 대기심
- 기록원
- 4(2)명의 선심 그들의 위치는 도해 10에 나타나 있다

FIVB 세계대회 및 공식대회에서 비디오판독관(만약 VCS(비디오판독시스템)가 사용된다면), 대기심 그리고 보조기록원은 필수적이다.

22.2 절차

22.2.1 경기 중에는 주심과 부심만 휘슬을 불 수 있다.

22.2.1.1 주심은 랠리 시작을 위한 서비스 허가를 위해 휘슬을 분다

22.2.1.2 주심과 부심은 반칙이 일어나고 그 반칙의 종류에 대해 확실하다면 랠리 종료를 알리는 휘슬을 분다.

22.2.2 주심과 부심은 팀의 요구에 대한 허가 또는 거부를 표시하기 위해 볼이 '아웃 오브 플레이' 상태일 때 휘슬을 불 수 있다.

22.2.3 랠리 완료를 알리는 휘슬을 분 후 심판은 이를 즉시 공식 핸드시그널로 표시해야 한다.

22.2.3.1 반칙 휘슬을 주심이 분 경우, 주심은 다음 사항을 아래 순서대로 가리켜야 한다.

Ⅳ. 배구경기 규칙

a) 서브할 팀,
b) 반칙의 종류,
c) 반칙한 선수(들) (필요 시).

22.2.3.2 반칙 휘슬을 부심이 분 경우, 부심은 다음 사항을 아래 순서대로 가리켜야 한다.
a) 반칙의 종류,
b) 반칙한 선수 (필요 시),
c) 주심의 핸드시그널을 따라 서브할 팀.
이 경우 주심은 반칙 종류나 반칙한 선수는 가리키지 않고 서브할 팀만 가리킨다.

22.2.3.3 후위선수 혹은 리베로 선수에 의한 공격타구 반칙 또는 블로킹 반칙의 경우 주심과 부심은 22.2.3.1과 22.2.3.2를 따른다.

22.2.3.3 더블 폴트가 발생한 경우 주심과 부심은 다음 사항을 순서대로 가리킨다.
a) 반칙의 종류
b) 반칙한 선수들 (필요 시),
다음에 서브할 팀은 주심이 가리킨다.

23. 주심

23.1 위치

주심은 기록석 반대편 쪽 네트 끝에 위치한 심판대에 서서 자신의 임무를 수행한다.
주심의 시선은 네트에서 약 50cm 위쪽에 있어야 한다.

23.2 권한

23.2.1 주심은 경기의 시작부터 끝까지 관장한다. 주심은 심판팀과 선수들을 모두

통제할 권한을 갖는다.

경기 동안 주심의 결정은 최종적이다. 다른 심판이 오판을 했다고 판단되는 경우 주심은 해당 판정을 번복할 권한을 갖는다.

주심은 임무를 적절하게 수행하지 못하는 심판을 교체할 수 있다.

23.2.2 주심은 볼 리트리버, 퀵마퍼의 업무도 관리한다.

23.2.3 주심은 본 규칙에 명시되어 있지 않은 사항을 포함하여 경기와 관련된 모든 사안을 결정할 권한을 갖는다.

23.2.4 주심은 자신의 판정에 대한 어떠한 논의도 허용해서는 안된다.

다만, 경기 주장의 요구가 있을 시 주심은 판정의 근거가 된 규칙의 적용 및 해석에 대하여 설명해 주어야 한다.

경기 주장이 주심의 설명에 동의하지 않고 주심의 판정에 이의를 제기하는 경우 경기 주장은 경기 종료 후 이의를 제기하고 기록할 권리를 갖는다. 주심은 경기 주장의 이러한 권리를 허용해야 한다.

23.2.5 주심은 경기 전 그리고 경기 내내 경기장의 장비와 여건이 경기 요건에 부합하는지 여부를 결정할 책임을 갖는다.

23.3 임무

23.3.1   경기시작 전 주심이 할 일

23.3.1.1 경기장 및 볼과 기타 장비의 상태 점검

23.3.1.2 각 팀 주장이 참석한 상태에서 토스 실시

23.3.1.3 팀의 워밍업 관리

23.3.2   경기 동안 주심에게 주어진 권한

23.3.2.1 팀에 경고 부과

23.3.2.2 불법행위와 경기지연에 대해 제재 부과

23.3.2.3 다음 사항을 판정

Ⅳ. 배구경기 규칙

a) 스크린을 포함한 서빙팀의 서버 반칙과 위치 반칙
b) 볼 플레이 중 반칙
c) 네트 위에서의 반칙, 주로(독점적이지 않게) 공격하는 코트에서의 선수가 네트를 접촉하는 반칙
d) 리베로와 후위선수의 공격타구 반칙
e) 리베로가 전위지역에서 손가락으로 오버핸드 패스한 볼을 선수가 네트 상단에서 공격타구를 완료한 경우
f) 네트아래 공간을 완전하게 통과하는 볼
g) 후위선수가 완료한 블록 또는 리베로의 블록 시도
h) 상대편 코트로 가는 볼이 통과허용공간 바깥으로 완전히 또는 부분적으로 통과하거나 또는 코트의 주심 쪽 안테나에 닿은 볼
i) 서브한 볼 또는 세 번째 타구한 볼이 주심쪽 안테나 위나 바깥으로 지나간 경우

23.3.3 경기가 종료되면 주심은 기록지를 확인한 후 서명한다.

24. 부심

24.1 위치

부심은 주심 반대쪽에 있는 지주 근처의 경기코트 바깥쪽에 서서 자신의 임무를 수행한다.

24.2 권한

24.2.1 부심은 주심을 보조하지만 자신의 결정권도 갖고 있다.
주심이 자신의 임무를 수행할 수 없게 되는 경우 부심은 주심의 임무를 대행할 수 있다.

배구, 이렇게 하면 된다

24.2.2 부심은 휘슬을 불지 않고 자신의 결정 범위 밖의 반칙에 대해 핸드시그널을 할 수 있으나 이를 주심에게 강요할 수는 없다.

24.2.3 부심은 기록원의 업무를 관리한다.

24.2.4 부심은 벤치에 있는 선수들을 관리하며 불법행위가 있을 경우 주심에게 보고한다.

24.2.5 부심은 웜업 구역에 있는 선수들을 통제한다.

24.2.6 부심은 정규적인 경기중단을 허가하고 그 시간을 통제하며 부당한 요구는 거부한다.

24.2.7 부심은 각 팀이 사용한 타임아웃 및 선수교대 횟수를 통제하며 두 번째 타임아웃과 다섯 번째 및 여섯 번째 선수교대는 주심과 감독에게 알려준다.

24.2.8 선수가 부상을 입은 경우, 부심은 예외적인 선수교대를 허가하거나 3분간의 회복시간을 부여한다.

24.2.9 부심은 주로 전위지역의 바닥상태를 점검한다. 또한, 경기 중에는 볼이 규정에 부합하는지 여부를 점검한다.

24.2.10 FIVB, 세계 그리고 공식 대회에서는, 24.2.5에 적혀있는 의무는 대기심판에 의해 수행 되어져야 한다.

24.3 임무

24.3.1 매 세트 시작 시, 최종세트에서의 코트 교대, 그리고 필요할 때마다 부심은 코트에 있는 선수들의 실제 위치와 라인-업 용지에 있는 선수들의 위치가 일치하는지 확인한다.

24.3.2 경기 중에 부심은 다음 사항을 판정하고 휘슬과 시그널로 표시한다.

24.3.2.1 상대편 코트와 네트 아래 공간 침범

24.3.2.2 리시빙팀의 위치반칙

24.3.2.3 주로 블로커 쪽 네트에서 일어나는 선수의 접촉 반칙(그러나 독점적이지 않게)과

IV. 배구경기 규칙

코트의 부심 쪽 안테나 접촉 반칙

24.3.2.4 후위선수가 완료한 블록 또는 리베로의 블록 시도 또는 후위선수나 리베로의 공격타구 반칙

24.3.2.5 볼과 외부 물체와의 접촉

24.3.2.6 주심이 볼 수 없는 위치에서 볼이 바닥에 접촉한 경우

24.3.2.7 상대편 코트로 가는 볼이 통과허용공간 바깥쪽으로 네트면을 완전히 또는 부분적으로 통과하거나 코트의 부심 쪽 안테나에 닿은 볼

24.3.2.8 서브한 볼 또는 세 번째 타구한 볼이 부심쪽 안테나 위나 바깥쪽으로 지나가는 볼

24.3.3 경기가 종료되면 부심은 기록지를 확인한 후 서명한다.

25. 비디오 판독심판

FIVB, 세계 및 공식 대회에서 비디오판독 시스템 (VCS)을 사용한다면 비디오판독심판은 필수다. 단, 국내대회에서 비디오 판독시스템을 사용할 경우 별도의 규정에 따른다.

25.1 위치

비디오 판독심판은 FIVB 기술위원이 결정한 별도의 위치에 있는 판독 부스에서 자신의 기능을 수행한다.

25.2 임무

25.2.1 판독절차를 감독하고 시행 중인 판독 규정에 따라 진행되는지 확인한다.

25.2.2 비디오 판독심판은 직무를 수행하는 동안 공식 심판복을 착용해야 한다.

25.2.3 판독 과정 후 반칙의 종류를 주심에게 알려준다.

25.2.4 경기가 끝나면 기록지에 서명한다.

배구, 이렇게 하면 된다

26. 대기심판

FIVB, 세계 및 공식 대회에서 대기심판은 필수다.

26.1 위치

대기심판은 FIVB 코트 도면에 따라 정해진 별도의 위치에서 자신의 기능을 수행한다.

26.2 임무

대기심판은 다음과 같은 의무가 있다.

26.2.1 직무를 수행하는 동안 공식 심판복을 착용한다.

26.2.2 부심의 부재 혹은 역할을 계속할 수 없는 경우 또는 부심이 주심이 된 경우 대기심판은 부심의 임무를 대행한다.
단, 국내대회의 경우 심판위원장 또는 심판감독관이 주심 또는 부심의 임무를 대신할 심판을 지명할 수 있다.

26.2.3 경기 전과 세트 사이의 선수교대 번호판을 정리한다.(사용했을 경우)

26.2.4 세트 전과 사이에 벤치에 있는 태블릿의 작동을 확인한다.(문제가 있을 경우)

26.2.5 부심을 도와 자유지역을 깨끗하게 유지시킨다.

26.2.6 퇴장/자격 박탈된 팀원에게 팀의 탈의실로 가도록 지시하는 부심을 돕는다.

26.2.7 웜업 구역과 벤치에 있는 교대선수들을 통제한다.

26.2.8 선발 선수들을 소개한 직후에 부심에게 4개의 시합 볼을 가져다주고, 선수들의 위치 확인을 마친 부심에게 1개의 시합 볼을 전해준다.

26.2.9 바닥닦이들의 작업을 안내하면서 주심을 돕는다.

Ⅳ. 배구경기 규칙

27. 기록원

27.1 위치

기록원은 주심 반대쪽 기록석에 주심을 마주 보는 방향으로 앉아 자신의 임무를 수행한다.

27.2 임무

기록원은 규칙에 따라 부심과 협조하여 경기기록지를 작성한다.

기록원은 자신의 임무에 근거하여 부저 또는 다른 장치를 이용하여 부정행위를 알리거나 심판에게 신호를 보낸다.

27.2.1 경기 및 세트 시작 전 기록원은

27.2.1.1 절차에 따라 리베로의 이름과 번호를 포함하여 시합 및 팀에 관한 자료를 등록하며 주장과 감독의 서명을 받는다.

27.2.1.2 라인업용지에 기재된 각 팀의 선발 라인업을 기록하거나(또는 전자적으로 제출된 정보를 확인한다).

제시간에 라인업용지를 받지 못하는 경우 기록원은 이 사실을 즉시 부심에게 알린다.

27.2.2 경기 중에 기록원은

27.2.2.1 득점을 기록한다

27.2.2.2 각 팀의 서비스 순서를 관리하고 순서가 틀린 경우에는 서비스 타구 직후 이를 심판에게 알린다.

27.2.2.3 부저를 사용하여 선수교대 요구를 승인하고 공지할 권한을 가지며, 교대선수들의 번호를 관리하고 선수교대와 타임아웃을 기록하고 이를 부심에게 알린다.

27.2.2.4 규칙을 위반한 정규적인 경기중단 요구를 심판에게 알린다.

27.2.2.5 세트 종료와 최종세트에서 점수가 8점이 되면 이를 심판에게 알린다.

27.2.2.6 불법행위 경고, 제재 그리고 부당한 요구를 기록한다.

27.2.2.7 부심이 지시한 모든 사항(예: 예외적인 선수교대, 부상 회복시간, 경기중단의 연장, 외부적인 방해, 리베로 재지명)을 기록한다.

27.2.2.8 세트 간 휴식시간을 관리한다.

27.2.3 경기가 종료되면 기록원은

27.2.3.1 최종 결과를 기록한다.

27.2.3.2 항의가 제기된 경우 주심의 사전 허가를 득한 후 항의사항을 직접 경기기록지에 기재하거나 팀 주장/ 경기 주장으로 하여금 기재하도록 한다.

27.2.3.3 양 팀 주장과 심판들이 서명하기 전에 기록지에 서명한다.

28. 보조기록원

28.1 위치

보조기록원은 기록석의 기록원 옆에 앉아서 자신의 임무를 수행한다.
FIVB 세계 및 공식대회에서 보조기록원은 필수다.

28.2 임무

보조기록원은 리베로가 관련된 대체를 기록한다. 보조기록원은 기록원의 행정업무를 돕는다.

기록원이 임무수행을 지속할 수 없는 경우 보조기록원은 해당 기록원과 교대한다.

28.2.1 경기 및 세트 시작 전 보조기록원은

28.2.1.1 리베로 기록지를 준비한다.

28.2.1.2 예비 경기기록지를 준비한다.

28.2.2 경기 중 보조기록원은

28.2.2.1 리베로대체/재지명의 세부사항을 기록한다.

Ⅳ. 배구경기 규칙

28.2.2.2 리베로대체 반칙이 있을 경우 부저를 사용하여 심판에게 알린다.

28.2.2.3 기록석에 있는 수동식 점수판을 관리한다.

28.2.2.4 점수판의 정확성 여부를 확인한다.

28.2.2.5 필요 시 예비 경기기록지를 업데이트하여 기록원에게 준다.

28.2.3 경기가 종료되면 보조기록원은

28.2.3.1 리베로 기록지에 서명한 후 확인을 위해 제출한다.

28.2.3.2 경기기록지에 서명한다.

전자기록지를 사용하는 FIVB, 세계 그리고 공식 대회에서 보조기록원은 기록원과 함께 선수교대를 알리고, 경기중단을 요구한 팀을 부심에게 알리며, 리베로교체를 확인한다.

29. 선심

29.1 위치

선심이 두 명인 경우에는 각 심판의 우측 가장 가까운 코트 모서리에 서며, 모서리에서 대각선으로 1~2m 떨어진 위치에 선다.

각 선심은 자신이 선 코트 쪽 엔드라인과 사이드라인을 관리한다.

FIVB 세계대회 및 공식 경기에서는 만약 4명의 선심을 활용한다면, 선심들은 코트의 각 모서리 1~ 3m 거리의 자유지역에 서며 자신이 관리하는 선의 가상의 연장선상에 선다.

29.2 임무

29.2.1 선심은 깃발(40X40cm)로 시그널을 함으로써 자신의 임무를 수행한다.

29.2.1.1 볼이 자신의 담당 라인 근처에 접촉된 경우 볼의 "인"과 "아웃"

29.2.1.2 리시빙팀이 접촉한 볼에 대한 "아웃"

29.2.1.3 볼이 안테나에 접촉하거나 서브된 볼 또는 팀의 세 번째 타구가 통과허용공간 외측을 지나간 경우 등.

29.2.1.4 서비스 타구 순간에 선수가 (서버 제외) 코트 바깥에 서 있는 경우

29.2.1.5 서버의 풋 폴트

29.2.1.6 선수가 볼 플레이를 하거나 플레이를 방해하는 동작을 하면서 자기 쪽 코트의 안테나 상단 80cm에 접촉하는 경우

29.2.1.7 볼이 통과허용공간 외측으로 네트를 지나 상대편 코트로 들어가거나 선수가 자기쪽 코트의 안테나에 닿은 경우

29.2.2 주심의 요구가 있을 시 선심은 시그널을 반복해야 한다.

30. 공식 시그널

30.1 심판 핸드시그널

심판은 공식 핸드시그널을 이용하여 휘슬을 분 이유 (반칙의 종류 또는 경기 중단 목적)를 표시해야 한다. 심판은 시그널을 잠시동안 유지해야 하며 한 손으로 표시하는 경우에는 반칙을 했거나 요구한 팀 쪽의 손을 사용해야 한다.

30.2 선심 깃발시그널

선심은 공식 깃발시그널을 이용하여 반칙의 종류를 표시해야 하며 시그널을 잠시동안 유지해야 한다.

V. 좌식배구

V. 좌식배구

[1] 좌식배구의 역사

1) 좌식배구의 탄생과 변천

1950년 네덜란드 전쟁피해자 협회(Society of Dutch Military WarVicthms : BNMO)에서 장애인들의 사회적응 및 재활을 돕기 위해 만든 장애인 스포츠 종목으로 시작하였다.

1953년 네덜란드에서 장애인을 위한 최초의 스포츠클럽이 생겼고, 좌식배구의 원형이 되는 '시츠볼(Sitzball)'을 만들어 실시하였다. '시츠볼(Sitzball)' 은 네트 높이는 배구경기와 동일한 상태에서 장애인들이 바닥에 앉은 채로 높은 네트를 넘기는 수준의 매우 수동적으로 바닥에 앉아서 주먹으로 공을 치며 하는 경기 형태로 장애인의 참여가 높은 경기 종목으로 발전했다.

1956년 네덜란드 스포츠협의회는 지금의 좌식배구가 시츠볼(Sitzball)과 입식 배구를 조합한 형태의 새로운 스포츠를 고안·소개하였는데, 이것이 좌식 배구의 효시다. 이후에도 계속 발전을 거듭해 현재 좌식배구(Sittingvolleyball)로 자리 잡게 되었다. 최초의 공식 국제경기는 1979년에 네덜란드 안헴에서 개최되었다. 1980년에는 패럴림픽(Paralympics)에서 정식 경기 종목으로 채택되었다.

2) 우리나라 좌식배구의 도입과 발전

1988년 서울 패럴림픽을 계기로 처음 도입되었지만, 1988년도 좌식 배구경기는 매우 생소한 종목이었기 때문에 선수로 활동하는데 많은 제약이 있었다.

그 이후로 1988년 서울 패럴림픽 이후 패럴림픽 참가 멤버들을 주축으로 하여 서울특별시, 대구광역시, 광주광역시에 팀 구성하면서 본격적으로 좌식배구 활동이 시작되었다.

스마트 배구 아카데미 / 171

배구, 이렇게 하면 된다

　　2006년에 대한장애인배구협회를 창립하였고, 그 이후 2007년에 대한장애인체육회의 가맹단체로 승인을 받아 현재까지 우리나라 좌식배구를 총괄하는 기구로 자리매김하고 있다. 현재 좌식배구팀은 남자 19개, 여자 10개 총 29개 팀으로 구성되어 있고 전국대회는 장애인 전국체육대회, 단풍미인기 전국좌식배구대회, 땅끝공룡기 전국좌식배구대회, 전라북도 도지사기 전국좌식배구대회, 무등기 전국좌식배구대회 등 매년 10여 개의 대회가 개최되고 있다.

V. 좌식배구

[2] 좌식배구의 시설과 선수 구성

좌식배구는 일반배구와 거의 동일한 구조와 규칙을 적용하지만 작은 경기장과 낮은 네트에서 바닥에 앉아 이동하면서 서비스, 리시브, 토스, 공격, 블로킹 등 매우 다양한 동작을 빠르게 전개되는 장애인스포츠 경기의 일종으로 특히 하지 장애를 가진 장애인에게 더 흥미로운 스포츠이다.

1) 시설

(1) 경기장

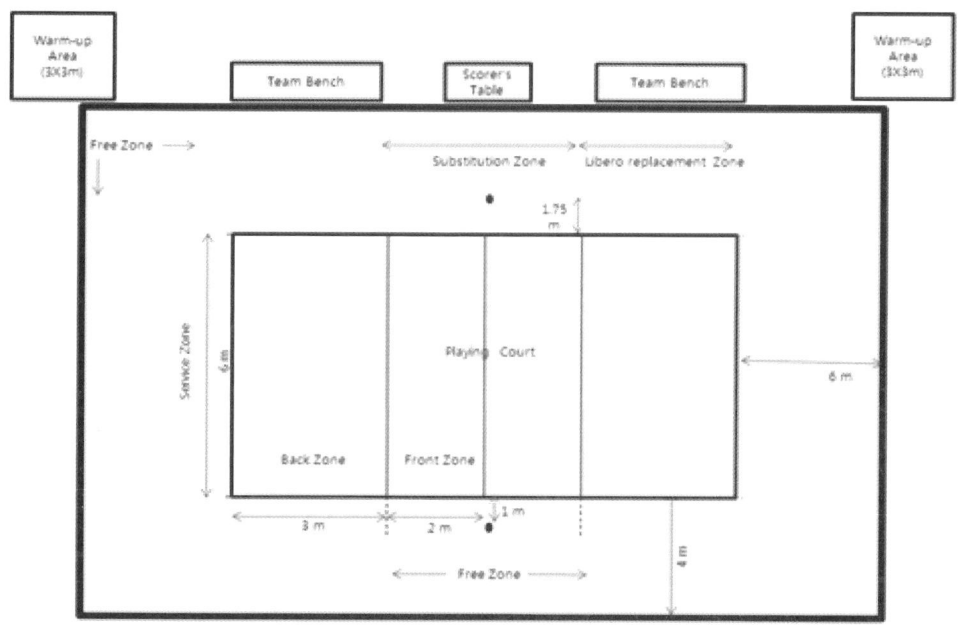

그림 V-1. 좌식배구 경기장

배구, 이렇게 하면 된다

경기장 코트는 10m×6m 크기의 직사각형으로 프리존은 사이드라인으로부터 최소 4m, 엔드라인으로부터는 최소 6m가 확보되어야 한다. 어택라인은 센터라인의 중심으로부터 2m 뒤로 그려진다.

(2) 네트

지주의 최대 높이는 1.25m, 네트의 높이는 남자 1.15m, 여자 1.05m이며, 네트의 너비 0.80m, 길이 6.50 ~ 7m이다. 안테나의 길이는 1.60m이다.

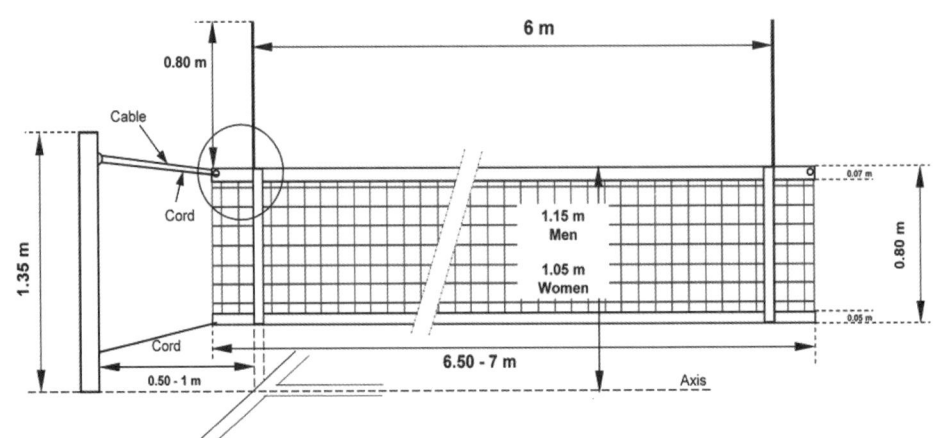

그림 V-2. 좌식배구 네트

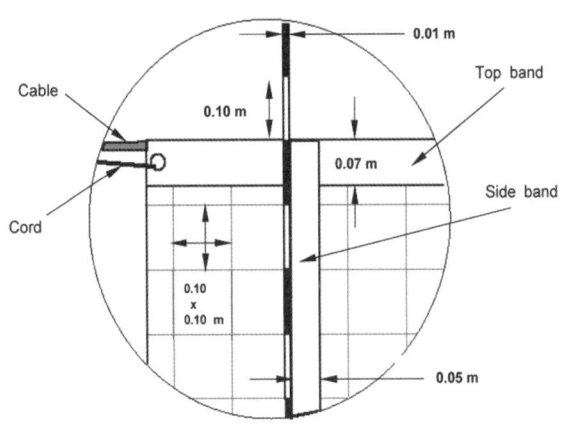

V. 좌식배구

2) 장애 등급 판정 및 선수 구성

(1) 스포츠 등급 판정

좌식배구 선수로 활동하기 위해서는 국제장애인올림픽(패럴림픽)위원회에서 장애의 유형과 정도에 따라 장애등급을 정한 규정에 따라 세계장애인배구연맹(WPV)의 좌식배구 스포츠 등급분류 기준에서 정한 최소한의 장애를 갖고 있어야 하기 때문에 등급분류를 반드시 받아야 한다. 등급분류 상태에서 VS1은 확정 등급, VS2는 최소 장애 등급으로 구분되고 R(Review)은 등급이 바뀔 가능성이 있는 선수, C(Confirmed)는 등급이 변하지 않을 선수로 받는다. 등급분류의 목적은 선수들이 동일한 조건에서 경기를 진행할 수 있도록 하기 위해서이다. 경기는 장애등급(VS1) 선수가 뛸 수 있으며, 최소장애등급(VS2) 선수는 2명 보유, 1명만 경기에 뛸 수 있다.

※ 등급분류 규정

장애구분	등급	비고
절단 및 기타장애	장애등급(VS1)	상하지 근력 및 기타평가
최소장애	최소장애등급(VS2)	상하지 근력 및 기타평가

(2) 경기복장

신발 없이 경기하는 것은 가능하나, 맨발로(양말 없이) 경기하는 것은 금지된다. 다음의 같은 조건을 갖추면 팀 반바지 속에 압박용 타이즈 입는 것이 허용된다.

① 반바지보다 길지 않은 것.

② 반바지와 같은 색상 또는 흰색, 검정 또는 무채색 계열.

③ 반바지를 입고 경기를 하는 팀원과 동일한 형태를 착용

④ 패딩을 넣지 않은 압박용 의류의 착용은 긴 바지 속에 입을 수 있다. 긴바지를 입고 경기에 임하는 팀원들은 동일한 형태의 것을 착용해야 하며, 두꺼운 재질 또는 제작된 두꺼운 반바지나 바지를 입고 앉아 경기하는 것은 허용이 안된다.

(3) 선수의 구성

선수의 구성은 "최소장애(VS2로 표기)"를 가진 두 명의 선수를 포함한 확정(Confirmed), 등급 또는 관찰(Review) 등급의 국제적 등급분류를 받은 12명의 선수, 감독 1명, 코치 최대 2명, 물리치료사 1명, 그리고 의사 1명으로 구성된다.

경기 중 팀 간의 공정한 경쟁을 보장하기 위해 한 명의 "최소장애(VS2)" 선수만 코트에 있을 수 있으며, 나머지 5명(리베로 포함)의 선수는 반드시 VS1 등급이어야 한다(VS1, VS2는 스포츠 등급 분류자를 의미한다).

(4) 선수의 위치

선수의 위치는 바닥에 닿아 있는 둔부의 위치에 따라 결정되고 통제된다. 네트 근처에 있는 3명의 선수는 전위 선수로 4(전위 레프트), 3(전위 센터), 그리고 2(전위 라이트)의 위치를 차지한다. 나머지 3명의 선수는 후위 선수로 5(후위 레프트), 6(후위 센터), 그리고 1(후위 라이트)의 위치를 차지한다. 각각의 전위선수는 적어도 둔부의 일부가 그와 대응하는 후위 선수의 둔부보다 센터라인에 더 가까이 있어야 한다. 각각의 오른쪽(왼쪽)편 선수는 적어도 둔부의 일부가 같은 열에 있는 중앙 선수의 둔부보다 오른쪽(왼쪽) 사이드라인으로 더 가까이 있어야 한다. 서비스 타구 후, 선수들은 자기 팀 코트나 프리존의 어느 위치를 차지하거나 움직일 수 있다.

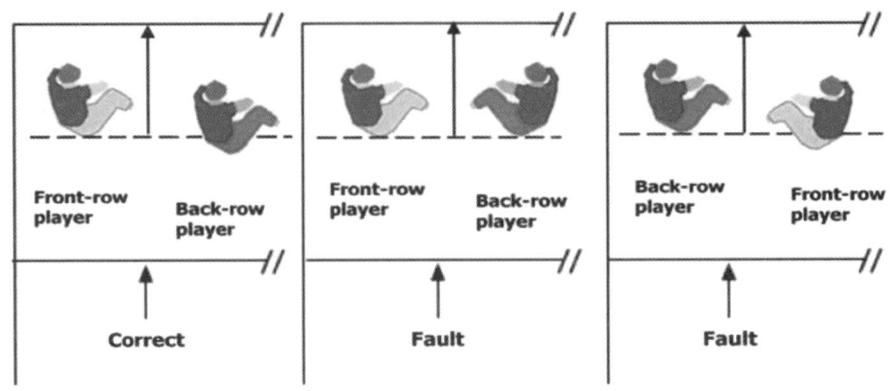

그림 Ⅴ-3. 해당 전위와 후위 선수 위치

V. 좌식배구

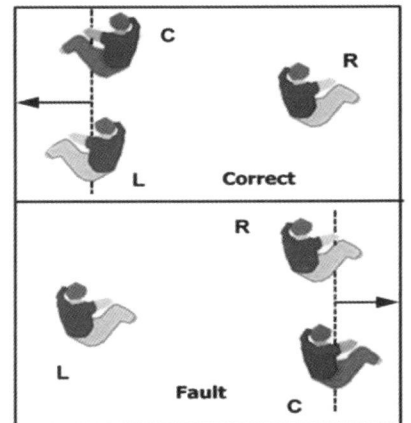 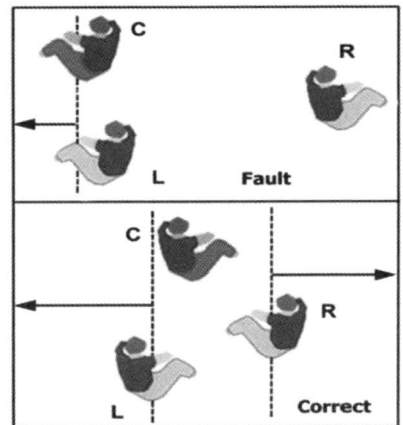

그림 V-4. 전위열 또는 후위열 선수의 위치

[3] 입식과 다른 좌식배구의 기술들

1) 기본자세와 이동기술

기본자세에서 수비나 공격 등 기술을 사용하고자 이동을 할 때는 발과 손을 이용하여 양옆 또는 앞뒤로 자유롭게 이동할 수 있어야 한다. 오른손 사용자는 오른쪽 다리, 왼손 사용자는 왼쪽 다리를 뒤로 구부린 자세를 취한다. 오른손 사용자는 오른쪽 다리, 왼손 사용자는 왼쪽 다리를 뒤로 구부린 자세를 취한다.

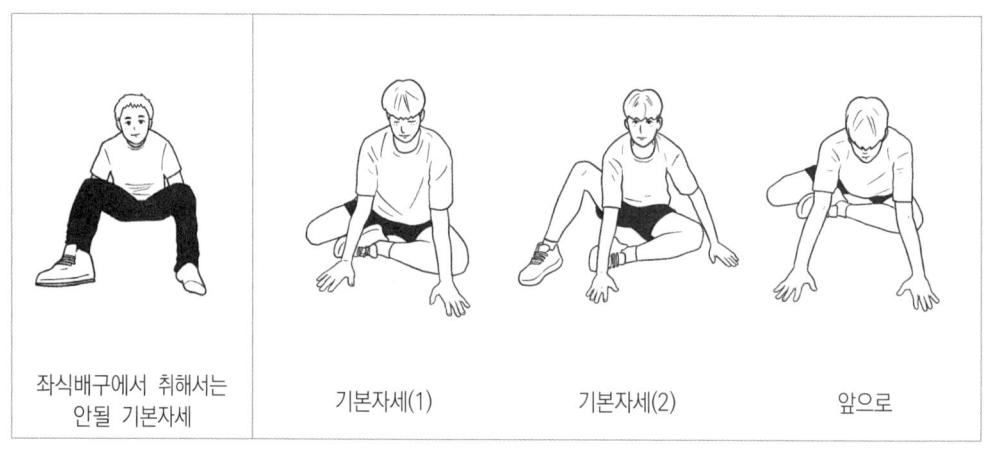

좌식배구에서 취해서는 안될 기본자세 / 기본자세(1) / 기본자세(2) / 앞으로

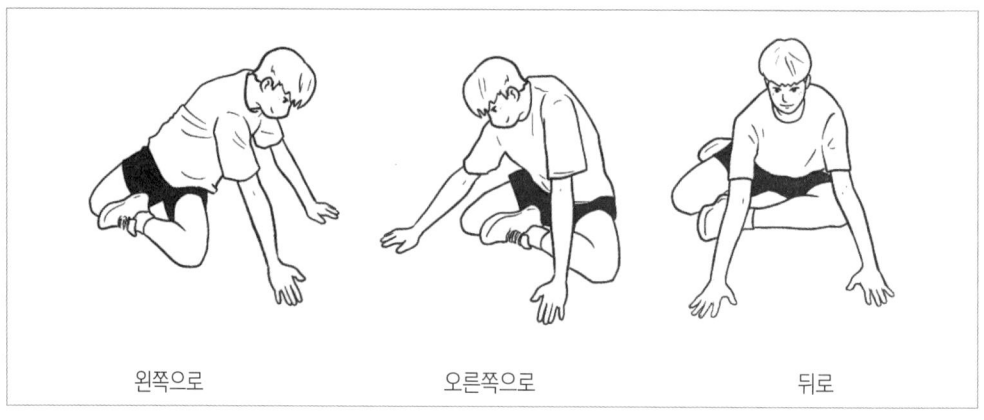

왼쪽으로 / 오른쪽으로 / 뒤로

V. 좌식배구

2) 패스 및 토스

점프 패스 및 점프 토스를 사용할 수 없다.

오버핸드 토스 모습　　　언더핸드 토스 모습　　　언더핸드 패스 모습

3) 리시브(디그)

서브 리시브, 디그 등의 수비 동작 시 오버핸드 동작을 많이 사용하는 것이 유리하다.

4) 공격

① 공격을 하기 위해 어택라인 부근 및 안쪽 50cm 지점에 준비자세를 취한다.

② 몸에 힘을 빼고 시선은 센터를 보며 토스하기 전 손과 다리를 이용해서 앞으로 전진한다

③ 토스가 나가는 것을 보고 공이 오는 방향으로 들어간다.

④ 토스가 정점에서 떨어질 때 낙하지점 염두에 두고 손과 다리를 이용하여 전진하면서 팔의 스윙을 만든다.

⑤ 공이 얼굴 앞 위쪽으로 왔을 때 팔꿈치를 펴면서 손목을 이용하여 때린다.

공격의 연결 동작

V. 좌식배구

5) 서브

점프 서브는 없다. 서브시 발과 다리는 앤드라인 안쪽과 사이드라인 밖에 위치해도 무방하다.

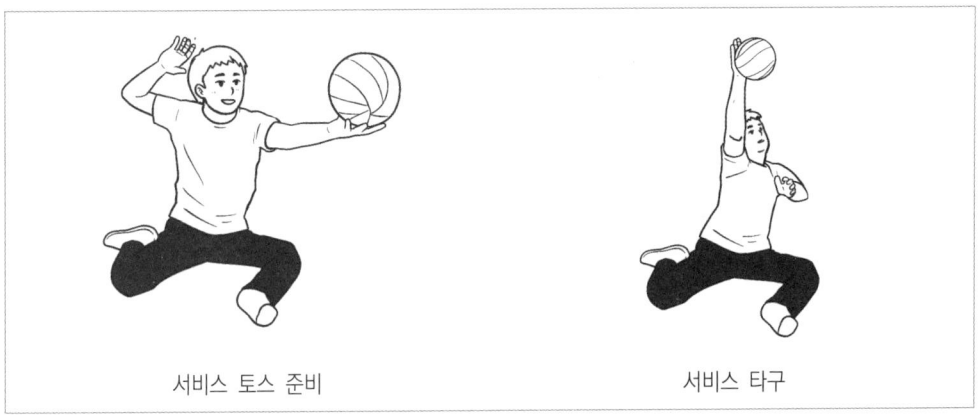

서비스 토스 준비 　　　　　　　서비스 타구

6) 블로킹

네트 근처 대략 20cm 정도 떨어진 위치에서 양팔을 약간 구부린 상태에서 상대팀의 공격수가 공격을 하면 팔꿈치를 쭉 뻗어 네트너머로 손을 집어넣어 공을 차단한다. 상대편 플레이를 방해하지 않는다면 신체의 일부가 센터라인을 넘어 상대편 코트에 접촉해도 반칙은 아니다. 블록에서 볼의 접촉없이 리프팅 하는 것은 반칙이 아니다.

1인 블로킹 　　　　　　　2인 블로킹

7) 리프팅(Lifting) 반칙

경기자들은 플레이 동작 내내 신체(둔부와 어깨) 일부가 반드시 코트와 접촉해야 한다. 하지만, 수비 동작을 취할 때 그 볼이 네트 상단보다 완전히 높지 않으면, 볼을 플레이하기 위하여 잠시 신체(둔부와 어깨)를 코트와 접촉하지 않는 것은 허가된다. 일어서거나, 몸을 들어 올리거나, 걷는 것은 금지된다.

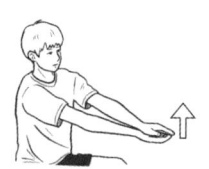

리프팅(LIFTING)

관련규칙(Relevant Rules) : 9.3.5, 9.4.1, 9.4.2, 24.3.2.8

손바닥을 함께 붙여 양손을 수평으로 한 상태에서 아래쪽 손바닥에서 왼쪽 손바닥을 들어올린다.

블로킹 리프팅반칙   공격 리프팅 반칙   서브 리프팅 반칙

V. 좌식배구

[4] 좌식배구의 경기규칙 특징

1) 플레잉 동작

(1) 팀의 타구(동시접촉)

네트 위에서 양 팀이 동시에 친 볼이 "캐치(Catch)"로 이르게 되면 이는 "더블 폴트(Double Fault)"가 되어 그랠리는 리플레이가 된다. 하지만 짧은 캐치성 볼은 연장된 접촉이 정지되지 않고 플레이가 이어진다면 허용된다.

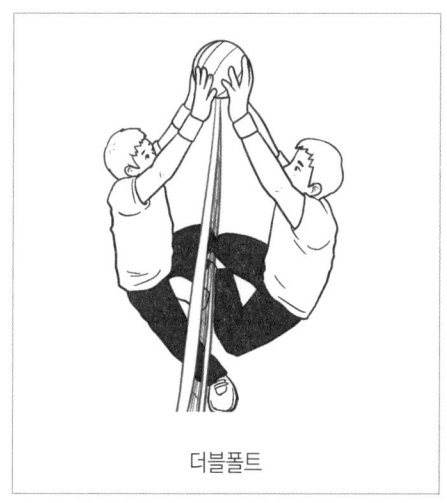

더블폴트

(2) 볼 플레이 동안의 반칙

리프팅(Lifting) : 선수의 둔부와 어깨 사이의 신체 부분이 플레잉 동안 코트에 접촉하지 않는 것

(3) 코트와 접촉

플레잉 동작 동안 항상 선수들은 둔부와 어깨 사이의 신체부분이 코트에 접촉해야 한다. 만약 볼이 네트 상단보다 높은 것이 아니라면 첫번째, 두번째 또는 세번째 접촉하는 수비동작 중 공을 접촉할 때 리프팅은 허용된다. 일어선다거나, 몸을 일으키거나, 스탭을 밟는 것은 금지된다.

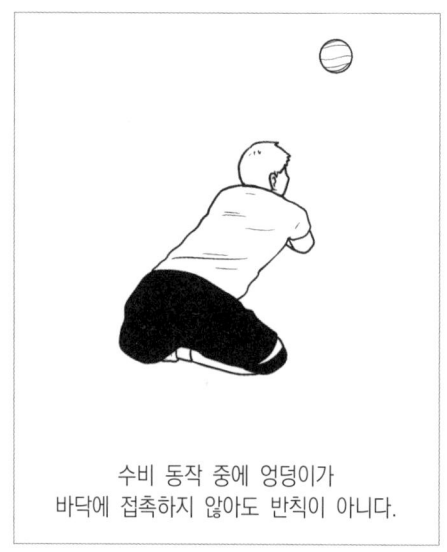

수비 동작 중에 엉덩이가
바닥에 접촉하지 않아도 반칙이 아니다.

(4) 네트아래의 침범

상대편 플레이를 방해하지 않는다면 신체 어느 부위든 센터라인을 넘어 상대편 코트를 터치하는 것은 허용된다.

(5) 네트에서의 선수 반칙

볼 플레잉 동작 중 또는 볼 플레이를 시도하는 동안 안테나 사이의 네트 상단 밴드를 접촉하는 경우

네트 터치 반칙

2) 서비스

(1) 서비스의 실행

서비스를 타구하는 순간, 서버의 둔부가 코트(엔드라인 포함)나 서비스지역 밖의 바닥에 접촉해서는 안 된다. 그러나 서버의 발, 다리, 또는 손이 코트나 서비스지역 밖의 프리존을 터치해도 된다.

(2) 서빙 반칙

둔부를 들고 서비스를 넣는 경우

배구, 이렇게 하면 된다

3) 공격

(1) 공격타구의 특성

상대편 서비스를 공격하는 것은 허가된다.

(2) 공격 타구의 반칙

선수가 볼을 치는 순간 둔부를 들고 공격한 경우

4) 블로킹

(1) 서비스블로킹

상대편 서비스를 블로킹하는 것은 허용된다.

(2) 블로킹 반칙

블로커가 볼을 플레이하는 동안이나 블로킹에 참여할 때 둔부를 들고 블로킹하는 경우

VI. 부 록

Ⅵ. 부 록

[부록1] 6인제와 9인제의 차이점

1. 6인제는 6명이, 9인제는 9명이 경기를 행한다.
2. 네트 높이와 코트 규격이 다르다(6인제 한쪽코트 9×9m, 9인제 10.5m×10.5).
3. 6인제는 로테이션이 있고, 9인제는 로테이션이 없다.
4. 6인제는 어택라인이 있고, 9인제는 어택라인이 없다.
5. 6인제는 센터라인이 있고, 9인제는 센터라인이 없다.
6. 6인제는 경기 중 포지션을 바꿀 수 없지만(라인업용지에 맞게), 9인제는 할 수 있다.
7. 6인제는 네트플레이와 상관없이 무조건 3회 안에 상대방 코트로 볼을 넘겨야 하나, 9인제는 네트플레이가 인정된다(4회).
8. 6인제는 라인업용지에 맞게(포지션에 따라) 서브순서를, 9인제는 서빙오더용지(포지션과 다르게)에 적은 순서에 따라 서브를 넣으면 된다.
9. 6인제는 매 세트마다 1번 위치의 선수가 첫 서브를 때리지만, 9인제는 세트 마지막 서브 선수의 다음 차례 선수가 첫 서브를 이어 넣는다.
10. 6인제는 세트당 25점, 9인제는 21점이다.

[부록2] 배구경기의 용어 해설

【ㄴ】

- **네트 오버(Net over=Over net)** : 경기자의 몸 일부(손)가 네트를 넘어 상대진영의 볼을 건드렸을 경우.
- **네트 인(Net in)** : 볼이 네트에 터치된 후 상대 진영으로 넘어갔을 경우.
- **네트 터치(Net touch=Touch net)** : 경기 중 신체의 일부분이 네트에 접촉했을 경우(머리카락 제외). 경기 중의 볼과 직접적인 상관이 없을 경우는 인 플레이.
- **네트 플레이(Net play)** : 9인제의 경우 고의로 네트를 맞춰 상대를 고의적으로 괴롭히는 플레이를 말함. 6인제에서는 수비 중 네트에 맞은 볼을 살리는 플레이를 가리킴.

【ㄷ】

- **다이렉트 킬(Direct kill=Direct spike)** : 상대팀에서 넘어오는 볼을 전위선수가 점프하여 직접 스파이크하는 것.
- **다이렉트 터치(Direct touch)** : 상대팀에서 넘어온 볼을 전위가 터치하는 동작.
- **다이렉트 푸시(Direct push)** : 상대에서 넘어온 볼을 직접 터치함.
- **데드 볼(Dead ball)** : 포인트(Point), 사이드 아웃(Side out), 그 밖의 임원(任員)의 판정에 의해 일시적으로 경기가 정지된 후 다음 서브에 의해 다시 인플레이 상태가 되기까지의 간격을 말함.
- **더블 파울(Double foul)** : 양 팀 선수가 동시에 반칙을 했을 때. 이때 노 카운트(No count) 처리가 됨.
- **더블 폴트(Double fault)** : 9인제에서 주어진 두 번의 서브 기회를 모두 실패했을 경우.

Ⅵ. 부 록

- **듀스(Deuce)** : 양 팀이 동일하게 24점을 얻었을 경우를(단 5세트는 14점)말하며, 다시 동점 상태로부터 2점을 연속득점하는 팀이 승리함.
- **드리블(Dribble)** : 한 선수가 2회 연속으로 볼을 터치하는 반칙을 말하며 정식명은 더블 컨택트(Double contact)임.
- **디그(Dig)** : 상대방의 스파이크나 킬을 받아내는 리시브.
- **딜레이 인 서비스(Delaying in service)** : 서브를 8초 이내에 하지 못했을 경우를 말함. 서브라 함은 서브 토스를 말하는 것이 아니고, 볼을 토스한 뒤 볼을 터치하는 순간을 말함.
- **딜레잉 더 게임(Delaying the game)** : 선수가 고의적으로 게임을 지연시키는 것을 말함. 이 경우 이유에 따라서 테크니컬 파울(Technical foul)이 선언됨.

【ㄹ】

- **라인즈 맨(Lines man)** : 선심 2명이나 4명이 맡게 되며, 주로 서브 순서(9인제), 풋 파울(Foot foul : 라인을 밟는 행위), 볼인, 볼 아웃을 판정함.
- **라인 크로스(Line cross)** : 서브나 백어택 시 라인을 밟거나 넘는 행위.
- **레트(Let)** : 9인제만의 규정으로 서브가 네트인, 서포트인, 에지볼 되거나 주심의 신호 전에 서브했을 경우며, 노카운트임.
- **로테이션(Rotation)** : 6인제 규정으로 서브권을 획득한 팀이 시계방향으로 한자리씩 선수 자리 이동을 하는 것을 말함.
- **리바운드(Rebound)** : 토스가 좋지 않을 때 상대방의 블로킹에 살짝 맞추고 다시 볼을 받아 찬스볼(Chance ball)을 만드는 플레이.
- **리베로(Libero)** : 수비전문 포지션. 반드시 후위에만 위치하는 포지션으로 약칭으로 "L"이라고 쓰기도 한다.
- **리시브(Recieve)** : 상대의 볼을 받는 것을 말하며, 상대 볼의 형태에 따라 서브 리시브, 어택 리시브 등으로 나눔.

배구, 이렇게 하면 된다

【ㅁ】

- **미들 블로커(Middle blocker)** : 팀 중앙을 위치한 포지션. 예전 센터포지션을 일컸는다. 중앙에서 퀵 스파이크와 블로킹을 담당하고 있고 공격보다는 블로킹 능력이 우선시되는 포지션이어서 '블로커'라는 명칭이 붙었다. 약칭으로는 대문자 "MB"라고 쓰기도 한다.

【ㅂ】

- **블록 아웃(Block out)** : 공격한 볼이 블로킹에 맞고 상대팀의 코트밖에 떨어짐.
- **블록 커버=어택 커버(Block cover=Attack cover)** : 상대의 블로킹에 걸려 자기편 코트로 떨어지는 볼을 수비하는 플레이.
- **블록 포인트(Block point)** : 블로킹에 의한 득점.
- **블록 폴로(Block follow)** : 블록 커버와 반대로 블로킹하는 측의 볼이 블로킹에 맞고 블로킹 측의 빈 곳에 떨어질 것을 대비하여 전위지역을 커버하는 것을 말함.

【ㅅ】

- **사이드 아웃(Side out)** : 서브권이 상대팀에게 넘어가는 것.
- **사이드 코치(Side coach)** : 경기장 바깥에서 경기자에게 작전 지시하는 행위를 말함. 타임아웃(Time out)일 때만 허용.
- **사이드 패스(Side pass)** : 허리 높이의 볼을 앞에 두지 않고 옆에서 두 손을 직각으로 하여 언더핸드 토스하는 기술을 말함.
- **서드 스텝 어택(Third step attack)** : 3단 전법, 배구의 기본전법으로 리시브(Receive) 또는 패스(Pass) - 토스(toss) - 킬(Kill) 또는 스파이크(Spike)의 3단계의 동작을 말함.

Ⅵ. 부 록

- **서비스 에이스(Service ace)** : 서브로 직접 득점하는 경우.
- **서빙 오더(Serving order)** : 선수가 서브 넣는 순서를 말함. 6인제 경우 매 세트 경기 전, 감독은 서빙 오더를 부심에게 제출해야 함.
- **세터(Setter)** : 토스하는 선수를 말하며, 토서(Tosser)라고도 함. 특히 우수한 세터를 토스렌(Tosren)이라고도 함. 약칭으로는 "S"라고 쓰기도 한다.
- **서포터(Supporter)** : 국부나 관절을 보호하는 용구.
- **스매싱(Smashing)** : 킬(kill)과 같은 의미로 쓰임.
- **스트레이트 킬(Straight kill)** : 사이드라인 쪽으로의 평행 공격.
- **스파이커(Spiker)** : 스파이크를 하는 사람.
- **슬라이딩=플라잉=세이빙(Sliding=flying=saving)** : 풋 스텝으로는 따라갈 수 없는 볼을 살리기 위해 몸을 날리는 기술.
- **시간차 공격** : 블로킹을 속일 목적으로 개인 또는 단체가 쓰는 시간상의 트릭 플레이.
- **시스템(Systems)** : 경기장에서 선수들의 역량을 개발하는 다양한 방법, 시스템에는 서브-리스브 패턴, 공격 작전, 세터 움직임, 스파이커 커버 위치, 블로킹 배치, 후위 수비형태 등이 포함될 수 있다. 배구에서는 감독이 도표 또는 그림으로 설명할 수 있는 선수 배치방법들은 모두 플에이 시스템이라고 한다.

【ㅇ】

- **아웃 볼(Out ball)** : 선수가 처리한 볼이 사이드 마크 안테나나 라인 바깥으로 떨어져 아웃되는 경우를 말함.
- **아웃 싸이드 히터(Out Side Hitter)** : 예전 레프트 포지션을 일컸는다. 약칭으로는 "OH"라고 쓰기도 한다.
- **아웃 오브 바운드(Out of bound)** : 선수가 처리한 볼이 네트의 9미터 한계 밴드 바깥쪽에 맞거나 코트 외의 각종 시설물에 터치되는 경우. 사이드 밴드에 맞는 경우는 인 플레이임.

배구, 이렇게 하면 된다

- **아웃 오브 포지션(Out of position)** : 서브 넣는 순간 서빙 오더의 선수 배열이 흐트러졌을 경우를 말함. 즉 서브 넣는 순간 전위 레프트가 전위 센터보다 오른쪽에 있거나, 전위선수보다 후위 선수가 앞에 위치하는 경우임.

- **아포짓 스파이커(opposite spiker)** : 아포짓 스파이커는 '세터(Setter)'와 대각을 이루는 공격수를 의미한다. 아포짓 스파이커는 세터와 전, 후위가 다르게 배치된다. 전위에 세터가 포함될 경우 전위 공격수는 두 명으로 줄어 공격력이 반감된다. 이 경우 팀 공격력을 끌어올리기 위해서는 후위 공격이 필수적이다. 이 역할을 하는 선수가 아포직 스파이커다. 아포짓 스파이커는 전, 후위를 가리지 않고 공격할 수 있는 능력이 요구된다. 공격에 치줄 할 수 있도록 리시브에는 최대한 가담하지 않는다. 약칭으로는 "OPP"라고 쓰기도 한다.

- **어택 에어리어(Attack area)** : 센터라인과 어택라인 사이의 9×3미터의 지역을 말함. 프론트 존(Front zone)이라고도 함.

- **엄파이어 미스테이크(Umpire mistake)** : 심판의 오해로 데드볼이 되었을 경우 심판은 양 엄지를 들어 이를 표시하고 노 카운트함.

- **오버 타임(Over time)** : 한 팀이 3번 이상 공을 터치하는 경우를 말함. 포 컨택트(Four contact) 라고도 함.

- **원 엑스트라 스트로크(One extra stroke)** : 경기 중 볼이 네트에 걸려 움직이지 않을 경우, 공격팀이 한 번 더 터치할 수 있다는 규정. 오버타임이 적용되지 않는 예외 규정임.

- **원 파이브 시스템(One-five system)** : 6인제의 서브 리시브 대형 중 하나로, 전위 센터 1명을 제외한 2명의 포워드와 3명의 백이 모두 백 존(Back zone)에 위치하는 시스템을 말함.

- **원 핸드 토스(One hand toss)** : 한손으로 토스하는 것을 말함. 다른 용어로 싱글 핸드 토스(Single hand toss)라고도 함.

Ⅵ. 부 록

- **윙 스파이커(Wing Spiker)** : 사이드에서 공격을 하는 선수를 말하며 '아웃사이드 히터(Outside Hitter)'라고도 부른다. 윙 스파이커는 전위 공격은 물론 후위 공격과 서브 리시브, 수비 등을 하는 공수 양면에 뛰어난 기량이 요구된다.
- **유효 블록(Soft block)** : 상대 스파이크를 블로킹에 맞춰 스파이크를 약화시키는 것을 말한다.
- **인터피어(Interfere)** : 네트 밑으로 몸의 일부가 넘어가 상대의 플레이를 방해하는 행위.
- **인플레이(In play)** : 서브를 넣은 순간부터 심판의 호각에 의해 경기가 일시 정지될 때까지의 실제 경기상황을 말함.

【ㅈ】

- **전략(Strategy)** : 우리의 전술을 특정 상대팀에게 적용하는 것. 전략 수립 시 감독은 팀이 이미 숙지하고 있는 다양한 전술 중에서 선택한다. 감독은 상대팀 선수 포지션에 효율적으로 대응하도록 우리 팀 선수들의 포지션을 배치하여 성공 확률을 높일 수 있는 전술을 선택하는 것이다. 예를 들어, 감독은 특정 공격수를 특정 블로커에 맞서도록 매칭한다. 이러한 결정은 팀이 훈련한 전술 범위 한에서 이루어진다.
- **전략 블록(Wall block)** : 네트 위의 특정 공간 및 각도를 차단하는 블로킹을 말한다.
- **전술(Tactics)** : 팀 안에서 선수들의 강점을 서로 매칭하기 위해 시스템을 구체적으로 적용하는 것. 선수들의 강점을 최대한 효과적으로 활용하고 약점을 가려주는 시스템을 사용하겠다는 감독의 결정이다. 전술을 이해하는데 가장 중요한 요소 중 하나는 전술은 전적으로 팀의 역량, 그리고 코칭 받는 선수들에게 가장 적합하다고 여겨지는 시스템을 바탕으로 수립해야 한다는 점이다.

배구, 이렇게 하면 된다

【ㅋ】

- **캐치볼(Catch ball)** : 볼이 경기자의 손이나 팔에 일시적으로 정지하는 상태를 말함. 94년 규칙 개정에 의해 서브 리시브의 홀딩을 크게 완화함.

- **코칭(Coaching)** : 코칭은 상대팀별 전략을 효과적으로 선택하고, 훈련기간 동안 수립될 전술을 효과적으로 선택하고, 개별적인 요소를 하나의 결합체로 통합하는 의사결정 과정이다.

【ㅌ】

- **타임 아웃(Time out)** : 각 팀이 세트당 2회, 1회당 30초의 휴식시간을 요청할 수 있다. 감독 또는 감독 부재 시 주장이 요구할 수 있다.

- **터치아웃(Touch out)** : 탑 아웃(Top out)라고도 하며, 공격한 볼이 수비 측의 몸에 맞고 볼 아웃되는 것을 말함.

- **테크니컬 파울(Technical foul)** : 고의로 게임을 지연하거나, 또는 비신사적인 플레이를 하였을 경우.

- **토스(Toss)** : 패스와 비슷한 의미로 패스는 볼을 연결하는데 목적이 있는 반면, 토스는 스파이크하기 좋게 볼을 띄우는 것을 말함. 다른 말로 셋업(Set up)이라고도 함.

- **트릭 점프(Trick jump)** : 직접 공격하지 않는 선수가 상대 블로커를 속일 목적으로 공격하는 척 점프하는 동작을 말함.

【ㅍ】

- **패싱 더 센터라인(Passing the center line)** : 인 플레이 가운데 선수가 센터라인을 넘어 상대 코트를 밟았을 때를 말함. 코트를 밟지 않고 공간만 침범하였을 경우는 상대를 방해했는지의 여부에 따라 반칙과 세이프가 판정됨.

Ⅵ. 부 록

- **페인트(Feint)** : 상대팀 코트의 빈 곳에 찔러 넣는 공격.

- **포지셔널 폴트(Positional fault)** : 서브나 그 이외의 상황에서 제출된 서빙 오더와 다른 포지션에 위치했을 경우를 말함. 서브 순서가 바뀌는 등이 그 예임.

- **푸싱(Pushing)** : 한손 혹은 두 손으로 볼을 잡아 밀어 넣듯이 빈 곳을 공략하는 기술.

- **풋볼(foot ball)** : 정식명은 일리걸 컨택트(illegal contact)로, 볼이 무릎 이하에 맞는 반칙이나, 94년에 폐지됨.

- **풋 워크(Foot Work)** : 선수의 이동 시 발의 스텝 기술을 말함. 양발을 교차하는 사이드 스텝이 그 대표적인 방법임.

- **풋 파울(Foot foul=Foot fault)** : 서브 시 볼을 토스하기 전 발이 엔드라인을 넘는 경우를 말함. 서브 시 토스는 서브 에어리어 바깥에서 이루어져도 되나, 실제 볼을 터치할 때는 서브 에어리어 안에서 이루어져야 함.

배구, 이렇게 하면 된다

[부록3] 배구 학습지도안

1. 배구-1차시 학습지도안

◆ 수업 내용	배구의 역사, 특성 및 효과
◆ 수업 목표	• 배구의 역사를 이해한다. • 배구 경기의 특성과 효과를 안다.

단계	학습 내용	교수 - 학습 활동	시간
도입	출석 점검 동기 유발 학습목표 제시	• 학생의 출석 상태를 점검한다. • 배구는 우리가 흔히 하고 있는 대표적인 구기 운동에서 역사가 가장 짧다. 어떤 과정을 통해서 배구가 현재의 모습을 갖추게 되었을까? - 학생의 답변을 듣고 간략하게 설명한다. • 배구 경기의 역사와 특성 및 효과에 대해 안다.	
	【유의점】		

단계	학습 내용	교수 - 학습 활동	시간
전개 ①	배구역사	• 교과서를 읽은 후 부연설명을 통해 교과서에는 생략된 경기의 고안과정과 규칙제정과정, 규칙의 변천과정 그리고 용구의 발전과정을 설명한다. • 네트를 사이에 두고 경기하는 탁구나 테니스와 규칙을 비교한 유인물을 제시하고, 각 종목의 특징적인 규칙을 설명한 후에 규칙의 차이가 생기게 된 원인에 대하여 조별로 토의 /발표하게 한다. • 조별로 다양한 규칙변경을 가정하여 규칙변경을 정당화함과 동시에 그 영향을 토의/기록하게 한 후 발표하게 한다.	10분
	【유의점】	• 학습자의 주의집중에 유의한다. • 짧은 시간동안 활발하게 토의할 수 있는 환경을 조성한다.	

Ⅵ. 부 록

단계	학습 내용	교수 - 학습 활동	시간
전개 ②	배구의 특성	• 배구 비디오경기를 함께 시청하면서 "배구는 어떤 동작들로 구성되어 있을까?"하고 발문하며 중간에 경기의 특성에 대해 설명한다. - 시청하면서 배구경기에서 필요한 체력의 요소 즉, 민첩성, 순발력 유연성이 필요함을 설명한다. - 비교적 좁은 장소에서 많은 사람이 즐기는 운동임을 강조한다. - 서로의 장점을 극대화하며 팀원 간의 단점을 보완하고 희생정신과 협동심을 발휘하는 단체 경기임을 강조한다.	15분
	【유의점】	• 가능하면 랠리가 오래되는 여자부 경기를 보여준다.	

단계	학습 내용	교수 - 학습 활동	시간
전개 ③	배구의 효과	• 경기를 시청하고, 배구를 함으로써 어떤 효과가 있을까 질문한다. - 경기 장면에서의 선수 움직임을 연상하면서 순발력, 민첩성, 지구력을 기를 수 있음을 강조한다. - 단체 경기이므로 연습이나 수업 중에 함께 돕고, 자기 맡은 바를 다하고, 규칙을 준수하여야 함을 강조한다 (협동심, 책임감, 준법정신 등의 사회성 함양).	10분
	【유의점】	• 장난치거나 딴짓하지 않도록 학습자관리에 유념한다. • 차시 예고 시 운동화 및 운동복 착용 강조.	

단계	학습 내용	교수 - 학습 활동	시간
정리	• 본시 정리 • 차시 예고	• 배구의 역사와 특성 및 효과에 대해 간략하게 질문하고 학습정리 및 요약해 준다. • 차시 학습 내용 예고.	5분
	【유의점】	• 유인물, VCR 및 배구경기 비디오테이프 준비.	

2. 배구-2차시 학습지도안

◆ 수업 내용	오버핸드 패스
◆ 수업 목표	• 패스의 중요성을 알고, 그 기본원리를 이해하고 운동기능을 익힌다. • 오버핸드 패스를 올바른 자세와 방법으로 실시한다.

단계	학습 내용	교수 - 학습 활동	시간
도입	인원 점검 전시학습 확인 준비운동 학습목표 제시	• 학생의 출석과 건강 상태를 점검한다. • 각 패스의 장단점과 적절한 사용상황은? • 팔 벌려 높이뛰기/배구활동에 적절한 스트레칭 실시 • 오버핸드 패스를 올바른 자세와 방법으로 실시한다.	5분
	【유의점】		

단계	학습 내용	교수 - 학습 활동	시간
전개 ①	학습 내용 설명 벽을 향하여 패스	• 오버핸드 패스 요령에 대하여 설명한다. 　- 양손을 이마 위에 위치시키고 엄지와 검지로 삼각형을 만들어 가볍게 공을 받는다. 　- 공이 손바닥에 닿으면 손가락과 손목의 스냅을 이용하여 공을 쳐낸다. • 벽과 2m 간격을 유지하고 서서 벽에 바운드가 된 공을 연속적으로 오버핸드 패스를 한다. • 손가락을 삼각형의 형태를 유지하여 땅을 향해 드리블을 하도록 한다. 이때 방향을 정해주고 손목의 방향에 따라 공이 움직이는 방향을 조절할 수 있는 연습을 한다.	15분
	【유의점】	• 초보자의 경우 공의 좌우 조절이 되지 않는 경우가 있으므로 간격을 넓게 하여 연습한다. 　- 수업이 진행되는 동안 교사는 학생들에게 피드백을 계속 제공한다.	

Ⅵ. 부록

단계	학습 내용	교수 - 학습 활동	시간
전개 ②	학습 내용 설명 2인 1조 연습	• 손목과 팔의 방향에 따라 공의 방향이 결정된다는 사실을 이해시키고 시범을 통해 바람직한 패스의 자세가 무엇인지를 발문한다. - 공의 낙하지점으로 재빨리 이동한다. - 손가락으로 삼각형을 이루어 공을 조절한다. - 손가락과 손목의 스냅을 이용하여 공을 밀어내듯 쳐낸다. - 다리와 허리는 패스하려는 방향으로 뻗는다. • 두 사람이 마주보고 서서 1명이 공을 던져주고 한 명은 오버핸드 패스를 한다. 이때 던져주는 사람은 받는 사람의 동작을 피드백하도록 한다. • 어느 정도 익숙해지면 두 사람이 마주보고 서로 패스를 한다. 가능한 한 공을 높게 패스해야 안정적으로 공을 받을 수 있다는 사실을 강조한다.	20분
	【유의점】	• 장난을 치거나 학습과 상관없는 일을 하지 않도록 학습자 관리에 유념한다.	

단계	학습 내용	교수 - 학습 활동	시간
정리	• 정리 운동 • 형성 평가 • 차시 예고	• 스트레칭 체조 • 오버핸드 패스를 할 때 손가락의 모양은 어떻게 해야 하는가? • 오버핸드 패스의 요령과 그 원리는? • 차시 학습 내용 예고 및 기구 정리	5분
	【유의점】	• 배구공(필요량)	

3. 배구 - 3차시 학습지도안

◆ 수업 내용	언더핸드 패스
◆ 수업 목표	• 패스의 중요성을 알고, 그 기본원리를 이해하고 운동기능을 익힌다. • 언더핸드 패스를 올바른 자세와 방법으로 실시한다.

단계	학습 내용	교수 - 학습 활동	시간
도입	인원점검 전시학습확인 준비 운동 학습목표제시	• 4열 횡대/출석과 건강상태 확인/수업준비상태확인 • 전시학습내용을 간단한 질문으로 확인한다. • 팔 벌려 높이뛰기/배구활동에 적절한 스트레칭 • 언더핸드 패스를 올바른 자세와 방법으로 실시한다.	5분
	【유의점】	• 환자 및 복장지도 • 배구공 준비	

단계	학습 내용	교수 - 학습 활동	시간
전개 ①	학습 내용 설명	• 주로 허리 아래의 공을 패스할 때 사용하는 방법이다. 공은 손목보다 5~10cm 위에 닿도록 한다. - 두 팔꿈치를 완전히 펴고 전방으로 내밀고, 양팔은 내측을 앞으로 내미는 기분으로 양 팔꿈치의 간격을 가능한 좁히도록 한다. - 허리를 숙이지 말고 무릎을 굽혀 중심을 낮춘다. - 무릎과 허리의 반동을 이용해 그대로 밑에서 몸 전체를 드는 기분으로 앞쪽 위로 공을 보낸다. • 두 학생이 팔의 각도를 달리하고 언더핸드 패스자세를 취한 상태에서 교사가 공을 던져주고 공이 튕겨 나가는 각도를 비교하게 한다. • 발문 : 팔의 각도에 따라 공의 각도가 변화되는데 어떤 원리에 의하여 공의 각도가 변화될까? (대답이 계속 이어지게 하여 입사각과 반사각의 원리를 학생들 스스로 생각하게 한다)	10분
	【유의점】		

VI. 부 록

단계	학습 내용	교수 - 학습 활동	시간
전개 ②	원바운드 패스	• 사람이 한 모둠이 되어 3~5m 간격으로 서서 언더핸드 패스로 튕겨 올려진 공이 지면에 닿아 튕겨 올라갔다가 내려올 때 언더핸드 패스로 공을 쳐올리는 연습을 한다.	15분
	1 : 1 패스연습	• 원바운드 패스에 익숙해져 있는 모둠을 대상으로 두 사람이 5~6m 간격을 유지하여 언더핸드 패스를 연습한다.	
	【유의점】	• 되도록 공을 상방향으로 조절하여 바운드가 된 후 공이 높이 갈 수 있도록 지도한다. - 이때 오버핸드 패스도 함께 연습한다. - 교사는 순회지도하며 구체적인 피드백을 제공한다. - 교사는 순회하며 여러 가지 패스의 적절한 사용상황을 상기시킨다.	

단계	학습 내용	교수 - 학습 활동	시간
정리	• 정리 운동 • 형성 평가 • 차시 예고	• 스트레칭 • 패스에는 어떤 것들이 있는가? • 각 패스의 장단점과 적절한 사용상황은? • 차시수업내용 예고 및 기구정리	• 5분
	【유의점】	• 배구공(필요량)	

4. 배 구 - 4차시 학습지도안

◆ 수업 내용	토스
◆ 수업 목표	• 토스의 중요성을 공격 전술과 연결하여 이해한다. • 오버핸드 토스를 정확하게 실시할 수 있도록 한다.

단계	학습 내용	교수 - 학습 활동	시간
도입	인원점검 전시학습확인 준비 운동 학습목표제시	• 학생의 출석과 건강 상태를 점검한다. • 언더핸드 패스의 요령과 그 원리는? • 팔 벌려 높이뛰기/배구활동에 적절한 스트레칭 실시 • 오버핸드 토스를 정확하게 실시하여 공격전술과 연결하여 이해한다.	5분
	【유의점】		

단계	학습 내용	교수 - 학습 활동	시간
전개 ①	학습내용 설명 발문	• **토스**는 패스되어 온 공을 최종 공격수에게 연결해주는 기술이다. - 토스는 크게 오픈 토스, 백 토스, 속공 토스가 있다. - 토스는 대부분 정확히 공을 보낼 수가 있는 오버핸드 토스가 이용된다. • 설명을 마친 후 발문한다. - "만약 토스를 언더핸드로 하면 어떤 단점이 있을까요" - "속공토스와 오픈 토스에서 공이 그리는 곡선의 차이는 어떻게 다를까요?"	5분
	【유의점】	• 짧은 시간 동안 토의할 수 있도록 수업 환경을 조성한다.	

Ⅵ. 부 록

단계	학습 내용	교수 - 학습 활동	시간
전개 ②	수직토스 언더핸드 패스와 토스의 연결	• 1명당 공을 1개씩 지니고 상방향으로 패스동작을 연습한다. 손가락이 정삼각형을 유지한다는 사실과 손목의 스냅을 이용하여 공을 밀어낸다는 사실을 강조한다. - 수직 패스 연습을 할 때는 상대방을 보지 못하므로 충분히 간격을 유지하여 실시한다. • 2인 1조로 서서 한 사람이 언더핸드 패스로 공을 연결하면 오버핸드 토스로 되돌려 보낸다. 10회를 실시한 후 교대한다.	15분
	【유의점】	• 수업이 진행되는 동안 교사는 학생들에게 피드백을 계속 제공한다.	

단계	학습 내용	교수 - 학습 활동	시간
전개 ③	심화학습 (네트 앞에서의 연습)	• 3인 1조로 한 사람은 어택라인 뒤에서 토스를 하는 사람에게 공을 던져주고 토스를 하게 하고 다른 한 사람은 토스를 하는 사람의 반대쪽에 서서 위치를 잡아준다. - 10회씩 하고 각자의 위치를 바꿔서 실시하도록 한다.	15분
	【유의점】	• 장난치거나 딴짓하지 않도록 학습자 관리에 유념한다.	

단계	학습 내용	교수 - 학습 활동	시간
정리	• 정리 운동 • 형성 평가 • 차시 예고	• 스트레칭 체조 및 관절 운동 실시 • 토스의 종류를 크게 3가지로 분리하면 어떤 것이 있는가? • 차시 학습 내용 예고 및 기구 정리	5분
	【유의점】	• 배구공, 배구 경기장	

배구, 이렇게 하면 된다

5. 배 구 - 5차시 학습지도안

◈ 수업 내용	서브
◈ 수업 목표	• 언더핸드 서브와 오버핸드 서브의 방법을 체득한다. • 서브의 중요성을 경기운영과 관련지어 이해한다.

단계	학습 내용	교수 - 학습 활동	시간
도입	인원 점검 전시학습 확인 준비 운동 학습목표 제시	• 학생의 출석과 건강 상태를 점검한다. • 토스의 종류는 어떻게 되는가? • 팔 벌려 높이뛰기/배구활동에 적절한 스트레칭 실시 • 서브의 방법을 체득하고 경기운영과 관련지어 서브의 중요성을 이해한다.	5분
	【유의점】		

단계	학습 내용	교수 - 학습 활동	시간
전개 ①	동기유발 학습 내용 설명	• 자유롭게 대형을 만들어 서브 라인에 서서 서브를 한다. • 어떻게 하면 상대가 서브를 받기 어려울까? 학생들 스스로 생각하게끔 발문하고 재 질문한다. - 공의 방향과 스피드를 조절하여 넣는다. - 엔드라인 근처에 넣는다. • 언더핸드 서브: 발을 앞뒤로 벌리고 무릎을 굽혀, 공을 토스 한 후 몸의 중심을 앞으로 이동하면서 공의 아랫부분을 위로 들어 올리면서 친다. • 오버핸드 서브: 공을 머리 위로 똑바로 올린 후, 팔을 큰 원을 그리듯이 스윙하여 타구한 후 상체가 정면을 향해 움직이도록 한다. - 서브의 준비자세인 토스의 중요성에 대하여 강조한다.	10분
	【유의점】		

Ⅵ. 부 록

단계	학습 내용	교수 - 학습 활동	시간
전개 ②	벽을 향해 서브 목표물을 향해 서브	• 벽에 네트 높이로 목표물을 그려 놓고 서브를 연습한다. - 가까운 거리에서부터 시작하여 익숙해지면 점차 거리를 두고 연습이 이루어지도록 한다. - 공이 손에 맞는 접촉지점에 언제나 같은 곳이 되도록 주의하여 지도한다. • 배구 경기장에서 상대편 코트의 오른쪽 엔드라인 부근에 목표물을 놓고 서브를 넣어 맞히는 연습을 한다. • 목표물의 크기를 단계별로 조절한다. - 수업의 원활한 진행을 위하여 목표물 뒤쪽에 학생을 배치하여 수시로 공을 반대쪽으로 이동시키도록 한다. 이때 공은 사이드라인 바깥쪽에서 굴려주도록 한다.	25분
	【유의점】	• 수업의 진행 동안 교사는 학생들에게 피드백을 계속 제공한다. • 장난치거나 딴짓하지 않도록 학습자 관리에 유념한다.	

단계	학습 내용	교수 - 학습 활동	시간
정리	• 정리 운동 • 형성 평가 • 차시 예고	• 스트레칭 체조 및 관절 운동 실시 • 서브의 종류는 무엇인가? • 오버핸드 서브에서 공을 타구한 후 몸의 위치는 어떻게 되는가 • 차시 학습 내용 예고 및 기구 정리	5분
	【유의점】	• 배구공, 배구 경기장	

6. 배 구 - 6차시 학습지도안

◆ 수업 내용	스파이크
◆ 수업 목표	• 스파이크의 방법을 체득한다. • 스파이크의 중요성을 경기상황에 연관하여 이해한다.

단계	학습 내용	교수 - 학습 활동	시간
도입	인원 점검 전시학습 확인 준비 운동 학습목표 제시	• 학생의 출석과 건강 상태를 점검한다. • 정확하게 서비스를 하려면 어떻게 해야 하는가? • 팔 벌려 높이뛰기/배구활동에 적절한 스트레칭 실시 • 스파이크의 방법을 체득하고 경기상황에 연관하여 이해한다.	5분
	【유의점】		

단계	학습 내용	교수 - 학습 활동	시간
전개 ①	학습 내용 설명 레이업 연습	• 스파이크: 배구기술 중 가장 화려한 기술로 도움닫기, 점프, 공중동작, 착지의 일련동작으로 이루어진다. - 도움닫기는 3보로 이루어지고, 양팔을 자연스럽게 앞뒤로 흔들며 이동하고 허리와 무릎을 충분히 굽혔다 펴는 힘을 이용하여 점프를 한다. - 스파이크를 하는 쪽의 어깨를 뒤로 빼서 몸을 옆으로 젖힌 후 몸 중심을 앞으로 이동하며 어깨를 크게 돌리며 - 손목의 스냅을 이용하여 강하게 타구한다. - 공을 치는 순간 손과 몸이 네트에 닿지 않도록 하고 무릎의 탄력을 이용하여 안전하게 착지한다.	5분
	【유의점】	• 도움닫기에서 1, 2보는 작게, 3보는 크게 한다는 점을 주지시킨다. • 몸을 약간 뒤로 젖히는 느낌으로 공중자세가 이루어지도록 지도한다.	

Ⅵ. 부 록

단계	학습 내용	교수 - 학습 활동	시간
전개 ②	벽을 향해 스파이크 네트 위에서 공잡기	• 벽을 맞고 튕겨 나오는 공을 연속해서 타구한다. - 바닥에 공을 튀기고 공이 벽에 맞고 위로 올라오는 공을 타구하도록 한다. - 공을 주시하며 공의 움직임에 따라 박자를 생각하면서 타구를 하도록 한다. - 손목의 스냅으로 타구할 수 있도록 지도한다. • 도움닫기를 하여 높이 뛰어 점프의 최고점에서 팔을 뻗어 공을 잡는다. - 팔을 뻗어 공을 잡을 수 있도록 토스를 높게 하도록 한다. - 스텝을 정확히 밟을 수 있도록 바닥에 표시를 해줘도 좋다.	10분
	【유의점】	• 여러 사람이 연습할 경우 혼잡할 경우가 있으므로 충분히 간격을 유지하여 연습하도록 한다. • 토스를 하는 사람의 능력이 부족하면 공을 아래에서 위로 던져줘도 좋다.	

단계	학습 내용	교수 - 학습 활동	시간
전개 ③	스파이크	• 네트 앞에서 서서 스파이크할 사람이 공을 던져주고 세터가 토스하여 스파이크를 한다. - 세터는 네트의 중간에 스파이크를 하는 사람은 세터의 왼쪽에서 위치하도록 한다. - 네트의 양면을 다 사용하여 연습하면 효과적이다.	15분
	【유의점】	• 자신이 스파이크한 공은 자신이 줍도록 한다.	

단계	학습 내용	교수 - 학습 활동	시간
정리	• 정리 운동 • 형성 평가 • 차시 예고	• 스트레칭 체조 및 관절 운동 실시 • 스파이크를 위한 도움닫기는 몇 보에 이루어지는 것이 좋은가? • 차시 학습 내용 예고 및 기구 정리	5분
	【유의점】	• 배구공, 콘 3개, 배구 경기장	

7. 배 구 - 7차시 학습지도안

◆ 수업 내용	리시브
◆ 수업 목표	• 리시브의 방법을 체득한다. • 리시브의 중요성을 경기상황에 연관하여 이해한다.

단계	학습 내용	교수 - 학습 활동	시간
도입	인원 점검 전시학습 확인 준비 운동 학습목표 제시	• 학생의 출석과 건강 상태를 점검한다. • 스파이크의 일련 동작을 설명하라. • 팔 벌려 높이뛰기/배구활동에 적절한 스트레칭 실시 • 리시브의 방법을 체득하고 경기상황에 따라 적절히 이용하여 판단력과 대처 능력을 높인다.	5분
	【유의점】		

단계	학습 내용	교수 - 학습 활동	시간
전개 ①	동기유발 학습내용설명	• 배구에서 수비가 나쁜 팀은 아무리 공격력이 있어도 강한 팀이 되지 못하는 이유를 이야기해보도록 한다. - 공이 연속적으로 연결이 되는 경기이기 때문에 한 번의 실수가 다음 단계의 실수로 연결된다. • 리시브: 상대편으로부터 넘어온 공을 받아내는 기술로 공의 낙하지점을 빨리 판단하여 이동한 후, 몸의 전면에서 공을 처리하여 안전하게 받아낸다 - 주로 언더핸드 패스로 받는 것을 원칙으로 한다는 사실을 주지시킨다. - 몸의 방향에 따라 다양하게 받는 동작을 시범 보인다. - 몸의 중심을 낮추도록 하되, 허리를 숙이지 않고 무릎을 굽힌다는 사실을 주지시킨다.	10분
	【유의점】	• 일방적으로 설명하기보다는 발문을 통해 학생들이 스스로 생각하도록 유도한다.	

VI. 부 록

단계	학습 내용	교수 - 학습 활동	시간
전개 ②	1 : 1 리시브 연습	• 두 사람이 4m 간격으로 마주보고 서서 한 사람이 공을 던져주고 다른 사람은 리시브를 연습한다. - 공을 던져주는 사람은 처음에는 일정한 방향과 속도로 주고 익숙해지면 공의 방향과 속도를 변화시켜 던져줄 수 있도록 한다. - 리시브하는 사람은 방향에 따라 스텝을 밟으며 신속히 움직이도록 지도한다.	10분
	【유의점】	• 안전사고에 대비하여 연습하는 사람들 각자에게 보호대를 착용하도록 한다.	

단계	학습 내용	교수 - 학습 활동	시간
전개 ③	스파이크 리시브	• 네트 뒤쪽에 책상을 올려놓고 스파이크를 하며 이를 리시브 한다. - 연속적으로 연습하기 위해 공을 줍는 사람을 따로 배치하여도 좋다. - 서브 리시브보다 중심을 더 낮추고 안정성을 유지하여 리시브하도록 한다.	15분
	【유의점】	• 리시브에 이어 토스까지 연결되도록 연습해도 효과적이다.	

단계	학습 내용	교수 - 학습 활동	시간
정리	• 정리 운동 • 형성 평가 • 차시 예고	• 스트레칭 체조 및 관절 운동 실시 • 리시브를 할 때 몸의 중심을 낮추는 방법은 무엇인가? • 페이크의 원리는 무엇인가? • 차시 학습 내용 예고 및 기구 정리	5분
	【유의점】	• 배구공, 무릎보호대, 배구 경기장	

8. 배구 - 8차시 학습지도안

◆ 수업 내용	블로킹
◆ 수업 목표	• 블로킹의 원리를 이해하고 방법을 체득한다. • 블로킹의 중요성을 경기상황에 연관하여 이해한다.

단계	학습 내용	교수 - 학습 활동	시간
도입	인원 점검 전시학습 확인 준비 운동 학습목표 제시	• 학생의 출석과 건강 상태를 점검한다. • 서브리시브와 스파이크 리시브의 다른 점은 무엇인가? • 팔 벌려 높이뛰기/배구활동에 적절한 스트레칭 실시 • 블로킹의 원리를 이해하고 중요성을 경기상황과 관련하여 이해한다.	5분
	【유의점】		

단계	학습 내용	교수 - 학습 활동	시간
전개 ①	동기유발 및 발문 학습내용 설명	• 2:2 간이 경기: 세터와 스파이크하는 사람 2명과 블로킹을 하는 수비자 2명이 서로 가볍게 경기를 하도록 한다. - 발문 1: 배구경기에서 블로킹을 하지 않을 경우 경기 내용이 어떠할지 이야기해보도록 한다. - 발문 2: 블로킹이 강한 경우 공격자는 어떻게 공격을 해야 할지 이야기해보도록 한다. • 블로킹: 상대의 스파이크 공격을 네트 위에서 막는 기술로 네트 앞에서 수직으로 뛰어올라 양손을 네트 위로 뻗어 공격을 막는 동작이다. 손에 공이 닿는 순간 손목을 구부려 공을 눌러주어야 한다. - 점프의 정점에서 팔을 앞으로 내면서 상체가 약간 앞으로 숙이도록 한다.	10분
	【유의점】	• 일방적으로 설명하기보다는 발문을 통해 학생들이 스스로 생각 하도록 유도한다. - 블로킹 시 오버네트폴트를 주의시킨다.	

VI. 부록

단계	학습 내용	교수 - 학습 활동	시간
전개 ②	점프하여 손바닥 마주치기 스파이크와 블로킹의 연습	• 2인 1조로 마주보고 점프하여 블로킹자세를 취하여 손바닥을 맞추도록 한다. - 처음에는 제자리에서 점프하여 연습을 하도록 하고, 익숙해지면 약속된 스텝을 밟으며 연습하도록 한다. - 점프의 정점에서 팔을 앞으로 뻗어 몸이 〈 〉의 형태를 이루도록 한다. • 한 명이 스파이크를 한 공을 두 사람이 블로킹을 한다. - 양 사이드에서 블로킹을 할 때는 몸을 약간 안쪽으로 향하면서 점프하여 공이 사이드라인 아웃이 되지 않도록 한다. - 스파이커가 공중에서 백스윙을 할 때 점프를 하도록 지도한다.	20분
	【유의점】	• 두 사람간의 거리를 적정히 조절하도록 한다. • 공이 방치되는 경우 안전사고의 위험이 있으므로 주의한다. • 터치네트에 주의한다.	

단계	학습 내용	교수 - 학습 활동	시간
정리	• 정리 운동 • 형성 평가 • 차시 예고	• 스트레칭 체조 및 관절 운동 실시 • 블로킹 시 적용되는 반칙은 무엇인가? • 차시 학습 내용 예고 및 기구 정리	5분
	【유의점】	• 배구공, 배구 경기장	

9. 배 구 - 9차시 학습지도안

◆ 수업 내용	수비전술, 공격전술
◆ 수업 목표	• 속공의 방법을 이해/체득한다. • 서비스 리시브 대형과 스파이크 리시브 대형을 이해하고 이를 경기에 적용시킨다.

단계	학습 내용	교수 - 학습 활동	시간
도입	인원 점검 전시학습 확인 준비 운동 학습목표 제시	• 학생의 출석과 건강 상태를 점검한다. • 블로킹을 할 때 점프의 정점에서 몸은 어떤 형태를 보여야 하는가? • 팔 벌려 높이뛰기/배구활동에 적절한 스트레칭 실시 • 속공과 리시브 대형을 이해하고 이를 경기에 적용한다.	5분
	【유의점】		

단계	학습 내용	교수 - 학습 활동	시간
전개 ①	동기유발 학습 내용 설명(속공)	• 모둠을 나누어 모둠 대항으로 배구 경기를 먼저 실시하고 다시 집합하여 발문한다. • "자 어떻게 수비하는 것이 효과적일까?" "또 다른 공격 방법은 없을까?" • 속공 : 상대방이 블로킹이나 리시브를 준비하기 전에 빠르게 공격하는 방법이다. 세터가 공을 토스하는 순간에 점프하고 세터는 직선으로 공을 올린다. 세터와 공격자의 거리와 방향에 따라 A, B, 백A, 백B 등의 속공이 있다.	10분
	【유의점】	• 자유롭게 응답하도록 수업 환경을 조성한다. • 체육부장과 같은 보조 도우미 학생들을 활용한다.	

Ⅵ. 부 록

단계	학습 내용	교수 - 학습 활동	시간
전개 ②	학습 내용 설명(서브리시브, 스파이크 리시브)	• 서브 리시브: 로테이션에 의해 세터가 후위에 있을 때 • 0:6W 대형, 세터가 전위로 오면 1:5W 대형으로 리시브 한다. - 스파이크 리시브 대형: 두명이 블로킹을 하고 다른 사람은 페인트 공격에 대비하여 전진수비를 한다.	10분
	【유의점】	• 자유롭게 응답하도록 수업 환경을 조성한다. • 체육부장과 같은 보조 도우미 학생들을 활용한다.	

단계	학습 내용	교수 - 학습 활동	시간
전개 ③	학습 내용 설명(간이게임)	• 다시 조별로 5:5 하프코트 간이게임을 실시한다. - 한 팀의 인원을 9명으로 모든 인원이 경기를 할 수 있도록 한다. - 경기의 원활한 흐름을 위하여 선수 외의 학생은 사이드 라인에서 볼보이의 역할을 하도록 한다. - 여학생의 경우 서비스 리시브에 어려움이 있으므로 서비스 리시브에서는 공을 잡은 후 그 자리에서 패스를 하여 경기를 진행시키도록 한다(요령 : 원바운드 허용).	10분
	【유의점】	• 심판을 배치하여 경기를 진행하도록 한다. • 교사는 시합을 관찰하며 1대1 수비방법에 대한 구체적인 피드백을 제시한다.	

단계	학습 내용	교수 - 학습 활동	시간
정리	• 정리 운동 • 형성 평가 • 차시 예고	• 스트레칭 체조 및 관절 운동 실시 • 효과적인 1:1 수비의 방법은? • 지역방어의 장단점은? • 차시 학습 내용 예고 및 기구 정리	5분
	【유의점】	• 배구공, 팀별 조끼, 호각	

10. 배 구 - 10차시 학습지도안

◆ 수업 내용	경기 방법 및 규칙
◆ 수업 목표	• 배구경기의 경기 방법과 주요 경기 규칙을 이해한다. • 9인제 배구와 6인제 배구에서 경기 규칙의 차이를 이해하여 경기에 적용한다.

단계	학습 내용	교수 - 학습 활동	시간
도입	인원 점검 전시학습 확인 준비 운동 학습목표 제시	• 학생의 출석과 건강 상태를 점검한다. • 서브 리시브 대형의 유형은 무엇이 있는가? • 팔 벌려 높이뛰기/배구활동에 적절한 스트레칭 실시 • 배구경기의 경기 방법과 주요 경기 규칙을 이해한다.	5분
	【유의점】		

단계	학습 내용	교수 - 학습 활동	시간
전개 ①	모둠별 발표	• 모둠별로 맡은 범위에 대한 발표를 하게 한다. - 발표는 4~5개 모둠으로 편성한다. 　예) 제1조: 경기 방법(경기인원, 구성, 득점, 코트 교대) 　　　제2조: 심판의 역할 　　　제3조: 주요 경기 규칙 제4조: 개정된 경기 규칙 - 교사는 발표를 듣는 학생들의 질문을 유도하고 경우에 따라서는 부연설명도 한다.	10분
	【유의점】	• 모둠별 발표를 준비한 체크리스트를 통해 수행평가 한다.	

VI. 부 록

단계	학습 내용	교수 - 학습 활동	시간
전개 ②	경기 방법 및 주요 경기 규칙 설명(1)	• 교과서에 제시되어 있는 배구경기의 경기 방법과 주요 경기 규칙을 설명한다. - 6인제 배구의 규칙과 함께 9인제 배구의 규칙을 비교해가며 설명한다. - 비치발리볼의 규칙도 설명한다. - 배구경기기록지(스코어시트)를 유인물로 제시하고 기록해야 하는 것들과 기록요령을 설명한다. • 경기 규칙이 경기에서 왜 필요한지 발문하고 설명한다. "어택라인이 생긴 이유는 무엇일까?" "왜 9인제 배구에서 6인제 배구로 변화했을까 ?"등	10분
	【유의점】	• 교실 칠판에 배구경기장을 그리고, 경기장의 선을 중심으로 설명한다.	

단계	학습 내용	교수 - 학습 활동	시간
전개 ③	경기 방법 및 주요 경기 규칙 설명(1)	• 준비된 비디오를 시청하면서 경기 중에 나타나는 선수의 규칙 위반과 심판의 제스처를 시범/설명한다. 이때 교사가 설명하기보다는 정지 또는 재생을 통해 학생들 스스로 알아내게끔 유도한다. 심판의 제스처는 학생들이 같이 따라하게끔 한다.	15분
	【유의점】	• 기록지를 준 후 비디오를 통해 실제로 기록해 보는 것도 좋은 방법이다.	

단계	학습 내용	교수 - 학습 활동	시간
정리	• 본시 정리 • 차시 예고	• 배구의 경기 방법과 주요 경기 규칙에 대한 질문을 받고 요약정리 해준다. • 차시 학습 내용 예고	5분
	【유의점】	• 유인물, VCR 및 배구 경기 비디오테이프 준비.	

[부록4] 배구 스트레칭 및 바디웨이트 트레이닝

1. 배구 스트레칭

1) 스트레칭의 목적

스트레칭은 배구선수들의 경기 전·후 근육 긴장 완화 및 부상을 예방하고, 부상 시 재활치료 목적으로 활용되어 왔다. 그러나 요통, 오십견, 혈액순환 촉진 등의 효과가 알려지면서 좌업생활로 인해 신체활동이 부족한 일반인에게 큰 호응을 얻고 있다. 스트레칭의 장점은 장소 및 시간, 복장 등에 구애를 받지 않고 언제, 어디서나 실시할 수 있다는 것이다. 예를 들어 일반인에게는 직장에서 휴식시간 및 점심시간에 수건이나 의자 등을 이용하여 실시할 수 있다. 또한 시·구·면 등에서 주부 혹은 노인들을 대상으로 생활체육 프로그램에 자리를 잡을 만큼 큰 호응을 얻고 있다. 배구선수들은 본 훈련을 시작하기 전과 본 훈련 후에 스트레칭을 실시하는데 그 이유는 근육 긴장 완화 및 상해 예방에 목적을 두고 있다.

2) 스트레칭의 효과

스트레칭의 종류는 크게 동적 스트레칭, 정적 스트레칭으로 나누며, 특히 관절의 가동범위 확대 및 상해예방을 위한 스트레칭으로는 정적 스트레칭을 추천한다.

정적 스트레칭은 일정한 자세를 유지하는 운동으로써 동작을 약간 반복하든지 혹은 거의 반복하지 않는 경우가 대부분이며, 등척성(isometric)·제어성(controled)·완속(slow) 스트레칭 모두 이와 같은 의미로 사용되고 있다.

일반적으로 정적, 혹은 완만한 스트레칭이 동적 스트레칭보다 더 좋은 방법이라는 데에 의견이 일치되고 있으며, 근육이 잘 늘어나게 하기 위해 힘을 조금씩 사용하여 관절의 가동범위 내에서 근육의 길이를 늘려주어, 근육이 약간 당긴다는 느낌이 올 때 멈추어 고정상태를 유지해 주는 동작이다. 즉 자신이 할 수 있는 지점까지 근육을 늘린

Ⅵ. 부 록

후 그대로 고정해서 유지하는 것으로 동적 스트레칭과 반대되는 개념이다. 이것은 근육의 본래의 상태로 되돌아오려는 강도를 감소시켜 반사적 수축을 줄여 주고, 근육을 이완시켜 더 많이 늘어나도록 해준다.

유연성 향상을 위해 정적 스트레칭이 최적의 훈련방법으로 인정되고 있는 이유는 동적 스트레칭에 비하여 에너지 소비가 적고, 조직 손상에 의한 통증이 거의 없으며, 또한 근육통을 경감시킬 수 있기 때문이다.

3) 스트레칭의 특징 및 방법

스트레칭의 종류는 크게 동적 스트레칭, 정적 스트레칭으로 나누며, 특히 관절의 가동범위 확대 및 상해예방을 위한 스트레칭으로는 정적 스트레칭을 추천한다.

정적 스트레칭은 일정한 자세를 유지하는 운동으로써 동작을 약간 반복하든지 혹은 거의 반복하지 않는 경우가 대부분이며, 등척성(isometric)·제어성(controled)·완속(slow) 스트레칭 모두 이와 같은 의미로 사용되고 있다.

일반적으로 정적, 혹은 완만한 스트레칭이 동적 스트레칭보다 더 좋은 방법이라는 데에 의견이 일치되고 있으며, 근육이 잘 늘어나게 하기 위해 힘을 조금씩 사용하여 관절의 가동범위 내에서 근육의 길이를 늘려주어, 근육이 약간 당긴다는 느낌이 올때 멈추어 고정상태를 유지해 주는 동작이다. 즉 자신이 할 수 있는 지점까지 근육을 늘린 후 그대로 고정해서 유지하는 것으로 동적 스트레칭과 반대되는 개념이다. 이것은 근육의 본래의 상태로 되돌아오려는 강도를 감소시켜 반사적 수축을 줄여 주고, 근육을 이완시켜 더 많이 늘어나도록 해준다.

유연성 향상을 위해 정적 스트레칭이 최적의 훈련방법으로 인정되고 있는 이유는 동적 스트레칭에 비하여 에너지 소비가 적고, 조직 손상에 의한 통증이 거의 없으며, 또한 근육통을 경감시킬 수 있기 때문이다.

4) 순서별 스트레칭 방법

대게 스트레칭을 통한 유연성 증진에 목적이 있다면, 준비운동(warm-up)보다는 정리운동(cool-down) 시 실시하는 것이 효과적이며, 상해예방을 목적으로 한다면, 준비운동 시에 실시하는 것이 좋다. 특히 준비운동 시 간단한 관절돌리기를 한 후, 체육관 러닝을 하고, 동적 스트레칭(체조) 후 정적스트레칭으로 들어가는 것이 매우 이상적이다. 부위별 실시 순서는 특별히 정해져 있는 것은 없지만 크게 위에서 아래로, 아래에서 위로, 일어서서 앉아서, 앉아서 일어서서 등으로 실시한다. 여기서는 위에서 앉아서 실시하는 스트레칭을 소개하겠다. 이 스트레칭 방법은 현재 배구팀에서 가장 많이 사용하고 있는 스트레칭 방법이다.

① 경부 스트레칭

【정지동작 10초유지】

 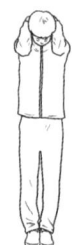

- 양손을 모아 깍지를 낀 후 머리 뒤에 얹는다.
- 머리를 숙이며 깍지 낀 손으로 전굴시킨다.
- 등과 허리가 굽혀지지 않도록 주의한다.

【정지동작 10초유지】

- 엄지손가락으로 턱을 밀며 후굴되도록 민다.
- 한쪽 팔을 머리 반대쪽으로 올려놓고 머리를 옆으로 좌굴시킨다.
- 허리가 옆으로 굽혀지지 않도록 주의한다.

Ⅵ. 부록

② 상체 스트레칭

【정지동작 10초유지】

- 한쪽 팔을 머리 뒤로 올려 최대한 구부린다.
- 반대 팔로 스트레칭 하고자 하는 팔의 팔꿈치를 잡고 머리 안쪽으로 당긴다.
- 시선은 정면을 쳐다본다.

【정지동작 10초유지】

- 한쪽 팔을 몸통과 수직이 되도록 곧게 편다.
- 반대 팔로 스트레칭 하고자 하는 팔의 팔꿈치에 대고 몸쪽으로 천천히 당긴다.

【정지동작 10초유지】

- 한쪽 팔을 가슴높이만큼 앞으로 뻗어 손바닥과 손등이 전방을 향하도록 한다.
- 손으로 손바닥과 손등을 잡고 몸 안쪽으로 천천히 당긴다.

배구, 이렇게 하면 된다

【정지동작 10초유지】

- 양손을 모아 깍지를 낀 후 뒤꿈치를 들고 천장을 향하여 뻗는다.
- 양손을 모아 깍지를 낀 후 가슴 높이에서 전방으로 뻗는다.

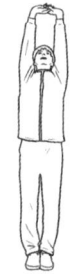 

【정지동작 10초유지】

- 양발을 어깨넓이로 벌리고 양손을 모아 깍지를 낀 후 위로 뻗는다.
- 양팔과 상체를 옆으로 기울인다.
- 양팔이 구부러지지 않도록 한다.

③ 하체 스트레칭

【정지동작 10초유지】

- 한 발을 앞으로 내딛고 무릎을 편다.
- 상체를 앞으로 숙이며 양손으로 발목을 잡는다.
- 고개를 충분히 숙이도록 한다.

VI. 부록

【정지동작 10초유지】

- 양발을 어깨넓이로 벌린다.
- 양팔로 발목을 잡는다.
- 무릎을 구부리지 않도록 한다.

 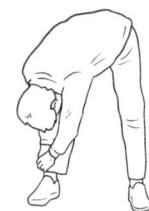

【정지동작 10초유지】

- 한쪽 발을 어깨넓이 정도 앞으로 내딛는다.
- 양손을 무릎 위쪽 허벅지에 두고 체중을 앞으로 실어준다.
- 뒷다리의 무릎을 구부리지 않도록 한다.

【정지동작 10초유지】

- 한쪽 발을 어깨넓이 두 배 정도 옆으로 벌린다.
- 구부린 쪽의 발바닥을 바닥에 닿도록 한다.
- 뒷다리의 무릎을 구부리지 않도록 한다.

배구, 이렇게 하면 된다

【정지동작 10초유지】

- 한쪽 다리를 당겨 최대한 몸쪽으로 당긴다.
- 한쪽 다리를 뒤로 구부리고 발등을 잡아당긴다. 이때 상체를 바로 세운다.

【정지동작 10초유지】

- 한쪽 발을 앞으로 내딛고 발목을 안쪽으로 구부린다.
- 한쪽 발을 뒤로 빼고 발끝을 세워 바깥쪽으로 구부린다.

④ **전신 스트레칭**

【정지동작 10초유지】

- 두 다리를 곧게 펴고 앉는다.
- 양발 끝을 몸쪽으로 당기고, 상체를 최대한 숙여 발끝을 잡는다.
- 무릎을 구부리지 않는다.

Ⅵ. 부 록

【정지동작 10초유지】

- 양다리를 펴서 최대한 옆으로 벌린다.
- 상체와 양팔을 한 다리 쪽으로 기울여 양손으로 발끝을 잡는다.
- 상체가 앞으로 숙여지지 않도록 한다.

【정지동작 10초유지】

- 한쪽 무릎을 펴고 반대쪽 무릎은 구부린 상태에서 허리를 곧게 펴고 발끝을 잡는다.
- 양 발바닥을 마주대고 상체와 고개를 천천히 앞으로 숙인다.

【정지동작 10초유지】

- 두 다리를 뻗고 앉은 상태에서 한쪽 다리를 들어 반대쪽 무릎 옆으로 가져간다.
- 왼손 팔꿈치를 오른 무릎에 대고 밀며 상체를 돌려 뒤쪽을 바라본다.

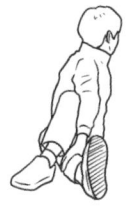 

배구, 이렇게 하면 된다

【정지동작 10초유지】

- 발바닥을 마주대고 발뒤꿈치를 엉덩이 쪽을 당기고 골반에 힘을 뺀다.
- 두 다리를 교차하여 무릎을 세운다.
- 허리를 돌려 아래쪽 무릎을 지면에 닿도록 하며 고개는 반대쪽으로 돌린다.

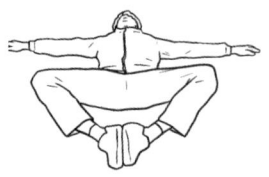  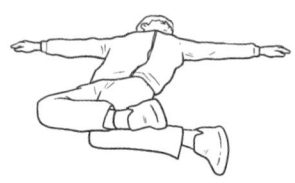

【정지동작 10초유지】

- 한쪽 다리를 지면과 수직이 되도록 들어 올린다.
- 올린 다리를 반대쪽으로 서서히 넘겨주며 고개는 반대쪽으로 돌린다.

【정지동작 10초유지】

- 양 무릎을 바닥에 대고 양팔을 앞으로 뻗어 손가락을 세운다.
- 허리를 집어넣고 엉덩이를 뒤로 뺀다.
- 한쪽 팔을 옆으로 벌리고 손가락을 세워 지탱하며 시선은 반대쪽으로 돌린다.

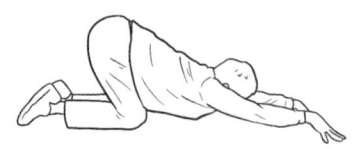 

VI. 부록

【정지동작 10초유지】

- 양 무릎을 바닥에 대고 손끝을 안쪽으로 하여 엎드린다.
- 허리를 최대한 내리고 엉덩이를 뒤로 뺀다.
- 발등을 펴고 무릎을 구부려 체중을 뒤쪽으로 하여 앉는다.

【정지동작 10초유지】

- 발바닥 전체를 바닥에 대고 양손으로 무릎을 감싸며 앉는다.
- 양발을 어깨넓이로 벌리고 발끝을 옆으로 벌려 앉는다.
- 양팔과 머리가 무릎 안쪽으로 들어가도록 최대한 구부린다.

【정지동작 10초유지】

- 양발을 약 1m정도 벌려 무릎을 구부리고 대퇴하단에 양손을 얹는다.
- 한쪽 어깨를 몸통 안쪽으로 넣어주면서 상체를 최대한 틀어준다.
- 시선은 반대쪽 뒤를 본다.

배구, 이렇게 하면 된다

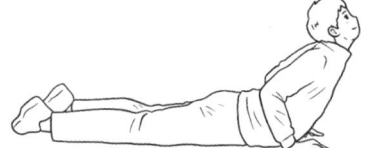

【정지동작 10초유지】

- 엎드려 양팔의 팔꿈치를 2/3정도 펴고 시선은 대각선 전방을 쳐다본다.
- 양발을 어깨넓이로 벌리고 양팔을 몸통 뒤로하여 깍지를 끼운다.
- 허리를 숙이며 깍지 낀 손바닥이 천장을 바라보도록 올린다.

【정지동작 10초유지】

- 양발을 어깨넓이로 벌리고 선다.
- 왼쪽 뒤를 보면서 오른손은 가슴 부위에 왼손 등은 허리 쪽에 대고 상체를 최대한 틀어준다.

Ⅵ. 부 록

2. 맨몸 근력 트레이닝

1) 근력운동의 목적

배구선수들은 근력의 힘과 폭발성이 득점과 직접적인 관련이 있기 때문에 근력트레이닝을 실시한다. 왜냐하면 배구는 반복적으로 점프를 수행하기 때문에 하체의 파워가 매우 중요하다. 이러한 이유로 배구선수들은 하체의 근력과 폭발적인 파워 향상에 목적을 두고 고강도의 근력트레이닝을 실시한다. 또한 배구선수들은 복근과 중심부의 근육군의 안정성도 매우 중요하므로 이러한 부위의 근력 향상이 지속적으로 이루어져야 한다. 배구선수들은 일 년 내내 시합을 준비하고 경기를 치른다. 또한 4년마다 올림픽을 준비한다. 근력트레이닝은 이러한 강한 훈련을 극복하기 위해서는 필수적이다. 배구선수들은 다음과 같은 트레이닝을 실시한다.

【점프훈련】
배구선수들에게 가장 중요한 트레이닝 방법이다. 어프로치 점프, 어깨 위에 부하를 주어 점프, 장애물 위로 점프, 탄력 있는 튜브의 저항에 반대하여 점프 등을 실시한다. 배구선수들은 45분 동안 300-500개의 점프를 실시한다.

【웨이트트레이닝 】
배구선수는 하체의 근력과 체력을 강조하는 웨이트트레이닝을 주로 실시하며, 상해를 최소화하기 위해 어깨, 복근, 하체 등을 중점으로 하여 웨이트트레이닝을 실시한다.

【인터벌트레이닝】
유·무산소성트레이닝의 효과를 동시에 볼 수 있다. 즉 폭발적인 근력과 근지구력을 향상시킨다.

따라서 배구선수는 강한 훈련을 통해 근력을 유지·발달시키고 근육군을 균형 있게 형성시킴으로서 상해를 예방하고 경기력을 향상 시킬 수 있다. 여기서는 웨이트 기구 없이 볼 훈련 전·후에 실시할 수 있는 맨손 근력 트레이닝법을 소개하겠다.

배구, 이렇게 하면 된다

【8-12회×3세트】

- 양발을 붙이고 양팔은 어깨넓이만큼 벌리고 엎드려 몸 전체가 일직선이 되도록 한다.
- 상체를 내릴 때는 천천히, 올릴 때는 빠르게 실시한다.

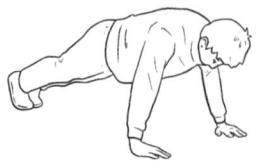 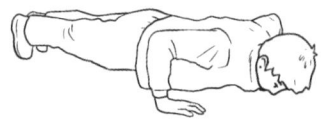

• 손가락 팔굽혀 펴기　　【10회×3세트】

- 손가락에 힘을 주고 엎드려 실시한다.
- 실시 후 주먹을 쥤다 폈다 하면서 손가락을 풀어준다.

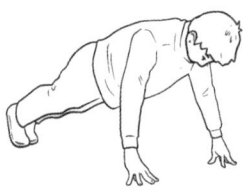 

• V복근　　【10-15회×3세트】

- 양팔을 머리 위로하고 다리는 무릎을 펴 바닥으로부터 약 30cm 정도 든다.
- 최대한 양손이 발끝에 닿도록 한다.

Ⅵ. 부록

● 크런치 복근 【20-30회×5세트】

- 양손을 가슴 위에 두고 양 무릎을 붙여 90°로 구부린다.
- 머리를 든 상태에서 목 아래 부분만 복근에 힘을 주며 올린다.
- 목 아래 부분을 내릴 때도 복근에는 힘을 계속 줘야 한다.

● 사이드 크런치 복근 【15-20회×3세트】

- 한쪽 다리를 무릎 위에 올리고 반대쪽 손을 머리 뒤에 갖다 댄다.
- 복근에 힘을 주면서 머리 뒤에 댄 손의 팔꿈치가 반대쪽 무릎에 닿도록 실시한다.

● 사이드 레그 레이즈 【10-15회×3세트】

- 바닥 쪽의 손을 머리 위로, 반대쪽 손을 가슴 앞쪽에 두고 무릎을 편 상태에서 균형을 유지한다.
- 위쪽에 위치한 다리의 발뒤꿈치에 힘을 주고 다리를 들어준다.
- 시선은 바닥을 쳐다본다.

 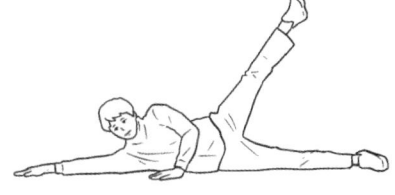

배구, 이렇게 하면 된다

• 스카이다이빙　　　　　　　　　　　　　【10-15회×3세트】

- 엎드려 누운 상태에서 팔꿈치를 구부려 전완이 지면에 닿게 한다.
- 상체와 하체 모두 동시에 최대한 들어 올려준다.

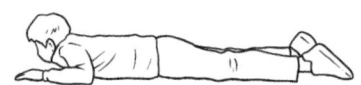

• 허리 들어주기　　　　　　　　　　　　　【10-15회×3세트】

- 누운 상태에서 양다리를 구부려 어깨넓이 간격을 유지하고 양손은 엉덩이 옆에 둔다.
- 등과 허리를 최대한 위로 들어 올린다.

• 버피　　　　　　　　　　　　　　　　　　【10-15회×3세트】

- 엎드린 자세에서 엉덩이를 들지 않도록 주의한다.

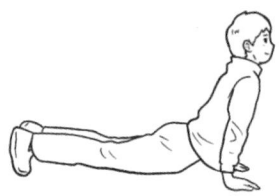

Ⅵ. 부 록

● 버피점프 【10-15회×3세트】

- 점프 시 양팔을 위로 뻗으며 시선은 전방을 바라본다.

● 점프하여 가슴 닿기 【7-10회×3세트】

- 강한 수직점프를 하기 위해 양팔을 크게 차올릴 준비를 한다.
- 무릎을 충분히 구부려 팔을 이용하여 강한 점프를 하고 공중정점에서 최대한 양 허벅지가 가슴에 닿도록 한다.

● 점프하여 발끝 닿기(1) 【7-10회×3세트】

- 강한 수직점프를 하기 위해 양팔을 크게 차올릴 준비를 한다.
- 무릎을 충분히 구부려 팔을 이용하여 강한 점프를 하고 공중정점에서 최대한 양손이 양발 끝에 닿도록 한다.

배구, 이렇게 하면 된다

• 점프하여 발끝 닿기(2) 【7-10회×3세트】

- 강한 수직점프를 하기 위해 양팔을 크게 차올릴 준비를 한다.
- 팔을 이용하여 강한 점프와 함께 다리를 벌리고 공중정점에서 최대한 양손이 양발 끝에 닿도록 한다.

• 점프하여 뒤로 발끝 닿기 【7-10회×3세트】

- 팔을 이용하여 강한 점프와 함께 양다리를 뒤로 올리고 허리를 젖혀 공중정점에서 최대한 양손이 양발 끝에 닿도록 한다.
- 점프 시 양팔은 힘껏 차, 머리 위로 크게 돌려 발끝과 터치한다.

• 육상피치 【7-10회×3세트】

- 양팔을 크게 흔들며, 무릎을 90° 각도로 힘껏 차올린다.
- 상체를 약간 전방으로 숙이고 뒤꿈치를 들며 제자리를 유지한다.

VI. 부 록

- **엎드려 육상 피치** 【20회×3세트】
  - 엎드려 양다리를 뻗은 상태에서 다리를 번갈아 가며 힘껏 찬다.
  - 이때 허벅지가 최대한 가슴에 닿도록 한다.

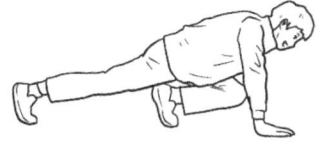 

- **개구리 점프** 【10-15회×5세트】
  - 멀리뛰기 위해 양팔과 다리를 힘껏 차 점프한다.
  - 공중에서 뒤로 젖힌 상체와 팔다리를 이용하여 몸을 앞으로 튕기며 착지한다.

- **발 바꿔 계단 오르기** 【10-15회×5세트】
  - 왼쪽발을 이용하여 의자에 올라간다.
  - 왼쪽발을 이용하여 내려간다.
  - 오른발을 이용하여 올라간다.

 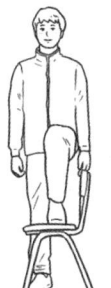 

배구, 이렇게 하면 된다

- **협응력 트레이닝 - 4개의 동작을 빠르게 실시한다.** 【10-20회×3세트】

  - 오른손-왼발 터치
  - 왼손-오른발 터치
  - 오른손-왼발 터치
  - 왼손-오른발 터치

- **기타 등척성 근력 트레이닝 - 10초간 당기거나 민다.** 【3세트】

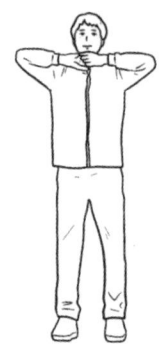   

Ⅵ. 부 록

[부록5] 배구 레크리에이션

1. 배구동작 재미있게 익히기

1	목적	내용	비고
	배구 이동 스텝을 배운다.	① 배구수업 참가 인원에 맞게 큰 원을 만든다. ② 좌우 옆 사람과의 간격을 일정하게 유지한다. ③ 호루라기 신호에 맞춰 좌우로 움직이며 사이드스텝과 크로스 스텝을 연습한다. ④ 전진스텝은 원 안쪽으로, 후진스텝은 원위치로 이동하도록 시킨다.	10분
	Tip	• 준비운동 시에 실시하면 효과적이다. • 호루라기 신호를 가끔씩 빠르게 해주면 학생들이 재미있어한다.	

2	목적	내용	비고
	파트너와의 협동력을 기른다.	① 파트너와 등을 맞대고 앉는다. ② 양손을 크로스시켜 가슴에 댄다. ③ 무릎을 세우고 양발의 뒤꿈치가 엉덩이에 오도록 한다. ④ 손을 사용하지 않고 서로가 상체의 힘을 사용하면서 일어선다. ⑤ 일어서면 똑같은 방식으로 하여 앉는다.	5회 2번
	Tip	• 처음의 발 위치를 절대 움직이지 않도록 한다. • 손을 바닥에 대면 안 된다고 한다.	

배구, 이렇게 하면 된다

3	목적	내용	비고
	파트너와의 협동력을 기른다.	① 한명은 똑바로 눕는다. ② 일어서있는 파트너는 누워있는 파트너의 복숭아뼈 부근에 다리를 살짝 벌리고 선다. ③ 일어서있는 파트너는 누워있는 파트너와 양손을 맞잡고 엎드려 자세를 취한다. ④ 동시에 팔굽혀펴기를 실시한다.	3회 2번
	Tip	• 두 사람의 양손이 수직으로 일직선이 되도록 한다. • 두 사람이 동시에 팔굽혀펴기를 실시해야 보다 쉽게 할 수 있다. • 서로의 눈을 쳐다보아야 하며, 개수를 채우지 못하고 포기할 때는 누워있는 파트너 쪽으로 그대로 떨어져야 한다고 말한다 (곳곳에서 웃음소리가 난다)	

4	목적	내용	비고
	파트너와의 협동력을 기른다.	① 한명은 무릎을 펴고 앉아 다리를 바닥으로부터 약 30cm 정도 든다. ② 일어서있는 파트너는 앉아 있는 파트너의 복숭아뼈 부근에 다리를 살짝 벌리고 선다. ③ 호루라기 소리와 함께 앉아 있는 파트너는 다리를 벌리고, 서있던 파트너는 점프하여 앉아 있던 파트너의 양다리 사이로 떨어진다. ④ 또 한 번의 호루라기 소리와 함께 원위치로 간다. ⑤ 10회의 동작을 빠르게 하도록 한다.	10회 2번
	Tip	• 서로를 믿고 빠르게 하라고 지시한다. • 점프하는 사람은 그 자리에서 점프를 하라고 한다. 앞으로 계속 가면서 점프하면 파트너에게 큰일난다고 한다. (곳곳에서 웃음소리가 난다)	

VI. 부록

5	목적	내용	비고
	민첩성 및 재치성 기르기 (배구레크리에이션)	① 세 명이 한 그룹으로, 어깨를 대고 선다. ② 그룹과 그룹과의 간격을 일정히 하여 큰 원을 만든다. ③ 술래는 도망자를 터치하면 술래가 바뀐다. ④ 도망자는 술래의 터치 전 그룹의 양사이드 끝에 있는 어깨를 붙이고 서면 된다. ⑤ 도망자가 그룹의 한쪽 사이드에 어깨를 대고 서면 그룹의 반대쪽 사람이 도망간다. ⑥ 같은 그룹의 반대쪽 사람의 어깨에 붙을 수 있다.	20분
	Tip	• 도망자가 붙기 전 그룹의 반대쪽 사람이 도망가면 그 사람이 술래가 된다. • 바깥쪽 발을 움직인 후, 안쪽 발을 떼고 바닥에 댄 후 다시 그 자리에 붙을 수 있다. • 여학생이 술래일 경우, 도망자가 오래 도망가면 타임아웃벌칙을 적용해 술래를 바꿔도 재미있다.	

6	목적	내용	비고
	배구농구력비 (배구레크리에이션)	① 2개로 편을 나눈다. ② 양쪽 중앙 끝에 의자를 갖다 놓는다. ③ 의자를 중심으로 지름 2m의 원을 그린다(표시한다). ④ 공격방향 쪽의 의자에 같은 팀 동료(골대역할)가 올라간다. ⑤ 득점은 원 밖에서 공을 던져, 의자에 올라간 동료가 받아야 인정된다. ⑥ 수비팀은 원 밖에서 블로킹 또는 스파이크로 상대팀의 득점행위를 막을 수 있다. ⑦ 공을 들고 3보 이상 걸을 수 없다.	20분
	Tip	• 농구 경기장 라인을 이용하면 좋다. 프리스로우 라인 중앙에 의자를 갖다 놓는다. • 원을 밟고 수비할 경우, 공격자에게 프리스로우를 준다. 뒤로 던져서 받으면 득점. • 여학생 중 한 명이 골대 역할을 하고 여학생이 공격하여 득점을 하면 2점 또는 3점을 주면 남녀가 즐겁게 즐길 수 있다.	

배구, 이렇게 하면 된다

7	목적	내용	비고
	배구축구 (배구레크리에이션)	① 2개로 편을 나눈다. ② 양쪽 끝에 배구공 2개를 붙여 각각 놓는다. ③ 골키퍼는 손을 사용할 수 없다. ④ 골키퍼 또는 수비 중 볼을 건드려 볼이 흐트러졌을 때는 오직 골키퍼만이 손을 사용하여 갖다 놓을 수 있다. ⑤ 흐트러진 볼을 맞추어도 득점이 인정된다.	20분
	Tip	• 슈팅은 1점, 헤딩은 2점, 여학생은 슈팅 2점, 헤딩 4점	

8	목적	내용	비고
	기타 배구레크리에이션	하나 - 2명이 손을 사용하지 않고 배를 이용, 정해진 반환점을 돌아오게 한다. 둘 - 2명이 손을 사용하지 않고 등을 이용, 정해진 반환점을 돌아오게 한다. 셋 - 2편으로 나누어 일정 간격을 두고 일렬로 선 후, 위 아래(좌우)로 볼을 전달한다.	
	Tip	• 승패는 스피드로 결정한다.	

Ⅵ. 부록

2. 배구공 재미있게 익히기

1	목적	내용	비고
	한손으로 던지고 받기	① 파트너와 2m 간격으로 선다. ② 오른손만을 이용하여 공을 던지고 받는다(오버드로잉). ③ 발이 떨어져 잡아도 반칙이다. ④ 볼을 잡지 못했을 경우, 팔굽혀펴기 1회 ⑤ 호루라기 소리에 따라 한쪽에서 1m씩 뒤로 간다.	5분
	Tip	• 왼손으로 바꾸라고 할 때 학생들은 더욱 재미있어한다.	

2	목적	내용	비고
	양손으로 푸시	① 파트너와 2m 간격으로 선다. ② 양손을 이용하여 가슴에서 볼을 던진다(푸시형태). ③ 발이 떨어져 잡아도 반칙이다. ④ 볼을 잡지 못했을 경우, 팔굽혀펴기 1회 ⑤ 호루라기 소리에 따라 한쪽에서 1m씩 뒤로 간다.	5분
	Tip	• 멀어질수록 온몸을 사용하라고 한다(엉덩이를 앞뒤로 흔들며).	

3	목적	내용	비고
	양손으로 오버드로잉	① 파트너와 2m 간격으로 선다. ② 머리 위로 양손을 넘겨 던진다. ③ 발이 떨어져 잡아도 반칙이다. ④ 볼을 잡지 못했을 경우, 팔굽혀펴기 1회 ⑤ 호루라기 소리에 따라 한쪽에서 1m씩 뒤로 간다.	5분
	Tip	• 멀어질수록 온몸을 사용하라고 한다(엉덩이를 앞뒤로 흔들며).	

배구, 이렇게 하면 된다

4	목적	내용	비고
	원바운드 패스	① 파트너와 2m 간격으로 선다. ② 원바운드를 이용하여 파트너에게 보낸다. ③ 발이 떨어져 잡아도 반칙이다. ④ 볼을 잡지 못했을 경우, 팔굽혀펴기 1회 ⑤ 호루라기 소리에 따라 한쪽에서 1m씩 뒤로 간다.	5분
	Tip	• 공의 바운드 성질을 익힌다.	

5	목적	내용	비고
	뒤로 패스	① 파트너와 2m 간격으로 선다. ② 뒤로 서서 볼을 파트너에게 던진다. ③ 발이 떨어져 잡아도 반칙이다. ④ 볼을 잡지 못했을 경우, 팔굽혀펴기 1회 ⑤ 호루라기 소리에 따라 한쪽에서 1m씩 뒤로 간다.	5분
	Tip	• 한 번 정도 멀리 떨어지게 하고 나서 편하게 하도록 한다(벌칙 없이). • 높고 정확하게 보내도록 지시한다.	

6	목적	내용	비고
	볼 미팅	① 파트너와 2m 간격으로 선다. ② 사용하는 손을 이용하여 편하게 때리도록 한다. ③ 반드시 원바운드를 이용하여 잡도록 한다. ④ 발이 떨어져 잡으면 반칙이다. ⑤ 볼을 잡지 못했을 경우, 팔굽혀펴기 1회 ⑥ 호루라기 소리에 따라 한쪽에서 1m씩 뒤로 간다.	5분
	Tip		

VI. 부록

3. 재미있는 배구변형 게임

1	목적	내용	비고
	숏 게임(1)	① 3-4명이 한 팀이 된다. ② 경기장 규격은 어택라인을 엔드라인으로, 사이드는 약 3m정도 크기로 함. ③ 서브는 오버 또는 언더핸드 토스 그리고 오버핸드서브로 함. ④ 나머지 규칙은 배구경기규칙을 그대로 적용함.	
	Tip	• 캐치볼을 완화시키면 더욱 재미있는 게임이 될 수 있음. • 공격은 스파이크(때리면)를 하면 안되며, 손가락 끝을 이용 하여야 한다.	

2	목적	내용	비고
	숏 게임(2)	① 7-8명이 한 팀이 된다. ② 경기장 규격은 프론트지역으로 설정한다. ③ 서브는 오버 또는 언더핸드 토스 그리고 오버핸드서브로 함. ④ 나머지 규칙은 배구경기규칙을 그대로 적용함.	
	Tip	• 캐치볼을 완화시키면 더욱 재미있는 게임이 될 수 있음. • 공격은 스파이크(때리면)를 하면 안되며, 손가락 끝을 이용 하여야 한다.	

배구, 이렇게 하면 된다

3	목적	내용	비고
	테니스배구(1)	① 9명이 한 팀이 된다. ② 매회의 터치마다 원바운드를 허용한다. 예) 서브캐치 전 원바운드, 서브캐치 후 원바운드, 토스 후 원바운드 허용됨) ③ 나머지 규칙은 배구경기규칙을 그대로 적용함.	
	Tip	• 상황에 따라 원바운드를 이용하면 랠리가 상당히 길어져 참가하는 학생들이 재미있어한다. • 원바운드는 항상 코드 안에 떨어져야 인플레이가 됨. 만약 원바운드가 코트 밖에 떨어지면 실점함.	

4	목적	내용	비고
	테니스배구(2)	① 9명이 한 팀이 된다. ② 원바운드를 한번만 허용한다. ③ 나머지 규칙은 배구경기규칙을 그대로 적용함.	
	Tip	• 상황에 따라 원바운드를 이용하면 랠리가 상당히 길어져 참가하는 학생들이 재미있어한다. • 원바운드는 항상 코드 안에 떨어져야 인플레이가 됨. 만약 원바운드가 코트 밖에 떨어지면 실점함.	

5	목적	내용	비고
	여성전성시대	① 9명이 한 팀이 된다. ② 원바운드를 한번만 허용한다. ③ 공격은 무조건 여학생이 한다. ④ 나머지 규칙은 배구경기규칙을 그대로 적용함.	
	Tip	• 상황에 따라 원바운드를 이용하면 랠리가 상당히 길어져 참가하는 학생들이 재미있어한다. • 블로킹도 여학생만 하도록 한다. 수비(또는 세터)는 남학생이......	

입식에서 좌식배구까지
스마트 배구 아카데미

인　쇄 | 2022년 12월 23일
발　행 | 2022년 12월 23일

저　자 | 안진규·김종흔·이기범·김정묵
발행인 | 박　상　규
발행처 | **도서출판 보성**

주　소 | 대전광역시 동구 태전로126번길 6
전　화 | (042) 673-1511
팩　스 | (042) 635-1511
E-mail | bspco@hanmail.net
등록번호 | 61호
ISBN　978-89-6236-227-5　03690

정가 18,000원